NINGÚN HOMBRE
QUEDÓ
POR FUERA

EDICIÓN CATÓLICA

Cómo desarrollar un sólido ministerio de formación de
discípulos para todos los hombres de su parroquia

ASOCIACIÓN DE HOMBRES CATÓLICOS
DEL CENTRO DE TEXAS

CONTENIDO

AGRADECIMIENTOS

DIOS OBRA de manera misteriosa. Leí un libro llamado *Man in the Mirror* (El hombre en el espejo), de Patrick Morley hace más de diez años, y tuvo un impacto dramático en mi vida. Desde entonces he tenido la oportunidad de conocer a Patrick y a su equipo en *Man in the Mirror*. Patrick Morley, David Delk y Brett Clemmer escribieron un libro llamado *No Man Left Behind* (Ningún hombre fue dejado atrás), que es en realidad un manual sobre el ministerio para los hombres. Después de pasar por el entrenamiento de *No Man Left Behind*, me di cuenta de que necesitábamos tomar este libro y presentarlo a nuestros hermanos católicos.

Patrick, David y Brett nos ayudaron a crear la edición católica de *No Man Left Behind*. No puedo agradecerles lo suficiente su apoyo en este proyecto. Hay otras personas que han trabajado en este proyecto durante muchos años. Maurice Blumberg, antiguo director ejecutivo de la National Fellowship of Catholic Men, hizo gran parte de la reescritura necesaria y ayudó con *Man in the Mirror*. Maurice, muchas gracias por todo lo que has hecho por el ministerio de hombres católicos. El diácono Rae Carter de Waco, Texas, también participó en la reescritura y ha sido una inspiración en mi vida. Gracias a ti, diácono Rae. Thomas Hibbs, decano del Honors College de la Universidad de Baylor, pasó parte de su verano en 2008 revisando el libro. Gracias por tu aportación, Tom. Esto no habría sido posible si no fuera por el apoyo de la junta directiva de la National Fellowship of Catholic Men, y de su antiguo director ejecutivo, Bill Moyer. Bill también participó en la edición del proyecto.

También me gustaría dar las gracias a un equipo base de hombres católicos que se reunieron para finalizar el proyecto del libro *No Man Left Behind*-Edición Católica. El diácono Vincent Eberling hizo un gran trabajo al añadir el pensamiento católico romano, referencias y notas a pie de página. Dan Spencer, actual director ejecutivo de la Asociación Nacional de Hombres Católicos, añadió una valiosa visión al proyecto, y Mark Bruckbauer ayudó con la lectura de pruebas y los comentarios a lo largo del proyecto. Quiero agradecer a todos y cada uno de ustedes por sus oraciones y su trabajo en este proyecto.

Robert E. Tunmire
Waco, Texas
21 de septiembre de 2015

PREFACIO

Y si uno es atacado por alguien, si son dos, prevalecerán contra él.
Y un cordel triple no se rompe tan pronto.
Eclesiastés 4:12

LA IGLESIA CATÓLICA ROMANA tiene una gran necesidad de que los hombres se hagan santos. Antes de que cierres este libro y lo dejes a un lado porque no crees que puedas llegar a ser santo, te pido que te quedes conmigo un poco más.

A menudo escuchamos las estadísticas de cómo la Iglesia Católica está en declive hoy en día. Ciertamente, el número de sacerdotes y religiosos ha disminuido en las últimas décadas, especialmente en la Iglesia Occidental; sin embargo, otras partes del mundo están en crecimiento cuando se trata de conversos a la fe.

Creo que la Iglesia Católica Romana se revitalizará cuando los hombres católicos se decidan y actúen para ser santos, tal y como nos invita nuestro Señor Jesucristo. El modelo de la Iglesia primitiva para hacer santos y transformar el mundo era sencillo y, sin embargo, poderosamente eficaz. Consistía en pequeños grupos de hombres comunes y corrientes que tenían el deseo de buscar a Dios. El cuerpo de Cristo, la Iglesia, gracias a la presencia del

Espíritu Santo, cambió el mundo.

Jesús invita hoy a cada hombre a esa misma fantástica aventura. Nos invita a todos a convertirnos en hombres de santidad, en hombres de acción, en hombres que lleven a nuestro atribulado mundo a un lugar de comprensión, misericordia y paz.

Este libro pretende aumentar tu participación en los dones del Espíritu Santo. Es una guía para iniciar, hacer crecer y mantener grupos de hombres católicos. *No Man Left Behind*-Edición Católica, está adaptado y revisado del libro No Man Left Behind, escrito por tres comprometidos líderes del ministerio de hombres cristiano: el doctor Patrick Morley, David Delk y Brett Clemmer. Estos hombres dirigen un exitoso ministerio de discipulado masculino llamado *Man in the Mirror* (El hombre en el espejo) con sede en Orlando, Florida.

No Man Left Behind-Edición Católica, protege la integración del modelo de sostenibilidad que se compartió en *No Man Left Behind* al tiempo que incorpora la vida y las creencias sacramentales católicas romanas en el texto. Este libro permitirá a los hombres católicos acercarse a sus pastores con confianza para lanzar y desarrollar grupos de hombres católicos. Estos grupos fortalecerán y renovarán a los hombres católicos, quienes a su vez evangelizarán a la Iglesia Católica en los Estados Unidos.

Espero que el Señor nos lleve a convertirnos en los líderes y santos que nos corresponde como hombres católicos, para que nuestros cónyuges, nuestras familias, nuestras parroquias y nuestras comunidades puedan experimentar la luz del mundo que es Jesucristo. María, madre nuestra, ruega por nosotros.

INTRODUCCIÓN

NINGÚN HOMBRE FUE DEJADO ATRÁS - EDICIÓN CATÓLICA es el resultado de una estrecha colaboración entre la Asociación Nacional de Hombres Católicos y los ministerios del Hombre en el Espejo. Ambas organizaciones nacionales tienen la pasión de formar a los hombres como discípulos. El libro original, *No Man Left Behind*, ha sido utilizado tanto por protestantes como por católicos, pero la terminología del libro es principalmente la utilizada en las iglesias protestantes evangélicas. Este libro ha sido diseñado para resonar con los hombres católicos e incluye terminología, conceptos y enseñanzas católicas.

Creemos que nada tiene más poder para transformar el mundo que formar hombres como discípulos. Lo hemos visto en parroquias donde los pastores y los líderes de hombres se comprometen apasionadamente a llegar a todos ellos. No es fácil, pero es una de las tareas más importantes del mundo. ¿Qué importancia tiene para los católicos este llamado al discipulado? Considera estas palabras de un documento de la Conferencia de Obispos Católicos de los

Estados Unidos (COCEU):

> La fe cristiana se vive en el discipulado de Jesucristo. Como discípulos, por el poder del Espíritu Santo, nuestras vidas se centran cada vez más en Jesús y en el reino proclamado por Él. Abriéndonos a Él, nos encontramos en comunidad con todos sus discípulos llenos de fe y, con su ejemplo, llegamos a conocer a Jesús más íntimamente. Siguiendo el ejemplo de su amor generoso, aprendemos a ser discípulos cristianos en nuestro propio tiempo, lugar y circunstancias.

> El llamado de Dios a la conversión y al discipulado se despliega en nuestras vidas con un potencial inconmensurable para madurar y dar fruto. Los llamados a la santidad, a la comunidad y al servicio de Dios y del prójimo son «facetas de la vida cristiana que llegan a su plena expresión solo por medio del desarrollo y el crecimiento hacia la madurez cristiana».[1]

Creemos que Dios se está moviendo poderosamente entre los hombres católicos. Escucha lo que la Conferencia de Obispos Católicos de los Estados Unidos (COCEU) tiene que decir sobre este movimiento de Dios en su informe sobre los Ministerios Católicos para Hombres:

> De Los Ángeles a Chicago, de Manchester a Miami, hay un hambre creciente de Dios entre los hombres católicos. Se están reuniendo en grupos grandes y pequeños, compartiendo sus cargas, escuchando

historias ajenas y celebrando la Eucaristía. Llámalo un revivir, un despertar. Llámalo una obra del Espíritu Santo a nivel de base. El surgimiento de nuevos ministerios con hombres es un acontecimiento bienvenido en la Iglesia.[2]

En vista de lo que está sucediendo hoy en el mundo y en nuestra cultura, ahora más que nunca la Iglesia, las familias católicas y nuestro país necesitan hombres católicos fuertes que se apoyen y permanezcan unidos. Parece claro que no podemos luchar y vencer el mal por nuestra cuenta si somos cristianos llaneros solitarios.

El objetivo de la Asociación Nacional de Hombres Católicos es llevar a cabo conferencias de hombres católicos en las doscientas diócesis de los Estados Unidos, tener grupos de confraternidad de hombres en cada una de las 17.000 parroquias de los Estados Unidos, y proporcionar apoyo, formación y recursos para ayudar a conseguir todo esto. Con más de cincuenta y cinco conferencias de hombres católicos celebradas en 2008 y un aumento significativo de grupos de hombres en las parroquias, este objetivo no parece tan desalentador como antes. Decenas de miles de hombres católicos están siendo tocados por Dios a través de las conferencias de hombres católicos y los miles de grupos de hombres basados en parroquias apoyados por la Asociación Nacional de Hombres Católicos.

Esta es una gran noticia, pero la cuestión sigue siendo: ¿cómo podemos mantener con éxito esta obra inicial de Dios en los hombres católicos para que se conviertan en discípulos cristianos maduros de Jesucristo? Creemos que un elemento importante es tener un enfoque bien definido para formar a los hombres católicos como discípulos. En la página diez de este libro hay una imagen del modelo «Ningún hombre fue dejado atrás». Explicaremos este sistema a lo largo del libro, y nuestra esperanza es que al final puedas pasar la «prueba de la servilleta», lo que significa que en pocos minutos podrás explicar este sistema a otro hombre usando tan solo un bolígrafo y una servilleta.

Este libro representa en gran medida lo que el Hombre en el Espejo ha aprendido en un conjunto de ochenta años de experiencia formando hombres como discípulos, y casi treinta años de trabajo con pastores y líderes de iglesias que están haciendo lo mismo. El Hombre en el Espejo ha trabajado con iglesias católicas y protestantes (de más de cien denominaciones), y tiene asociaciones con más de una docena de denominaciones. Ha trabajado muy estrechamente con la Asociación Nacional de Hombres Católicos (NFCM, por sus siglas en inglés) en apoyo de su visión, «Hombres católicos, vinculados como hermanos en Jesucristo, y llamados a llevarlo a otros». Ha impartido más de cincuenta clases de discipulado masculino a través de su Centro de Formación de Líderes. Ha trabajado directamente con los pastores y los equipos de liderazgo de más de 2.500 iglesias, y ha tenido la oportunidad de aprender de miles de otras. Ha realizado una amplia investigación y trabajo de campo en cientos de iglesias. Creemos que Dios ha dado a Hombre en el Espejo estas oportunidades únicas en gran medida para que pudiéramos escribir este libro.

Esta es la labor de nuestra vida. Ayudar a los pastores y a los líderes de las iglesias a discipular a los hombres es lo que hacemos. Tenemos el privilegio de levantarnos cada día y enfocarnos en cómo discipular a los hombres en la Iglesia, en tu Iglesia. Nos sentiremos honrados si Dios utiliza este libro para hacer que tus esfuerzos por discipular a los hombres católicos sean más eficaces y tu camino un poco más fácil.

A menos que se indique lo contrario, las historias que aparecen en este libro son verdaderas (aunque los nombres a menudo son ficticios, y con el propósito de que el libro resuene con los lectores católicos, se han añadido algunos detalles católicos). Se trata de iglesias y hombres reales con historias reales. Cada capítulo contiene también preguntas y ejercicios de discusión. Lo mejor será que los hagas como equipo de liderazgo del ministerio de hombres o con otro hombre de tu parroquia. El primer capítulo te ofrece una vista a vuelo de pájaro del libro. El capítulo final une todo tu trabajo y te ayuda a esbozar los próximos pasos concretos para discipular más eficazmente a los hombres de tu parroquia.

Gracias por invertir en este libro y en los hombres de tu parroquia. Queremos involucrarnos con ustedes y ayudar en lo que podamos. También queremos seguir aprendiendo. Si tienes preguntas o comentarios, por favor envíennos un correo electrónico a la Asociación Nacional de Hombres Católicos (info@nfcmusa.org), o a Hombre en el espejo (nomanleftbehind@maninthemirror.org).

Dios, al comenzar este viaje, nos comprometemos contigo. Ayúdanos a ser fieles. Haz que nos apasionemos por ti y por nuestros hombres católicos. Danos las ideas y estrategias que necesitamos para levantar un ejército de hombres católicos que luchen por tu reino y tu gloria. En el poderoso nombre de Jesús, amén.

El modelo NINGÚN HOMBRE FUE DEJADO ATRÁS

Un sistema diseñado para producir discípulos apasionados

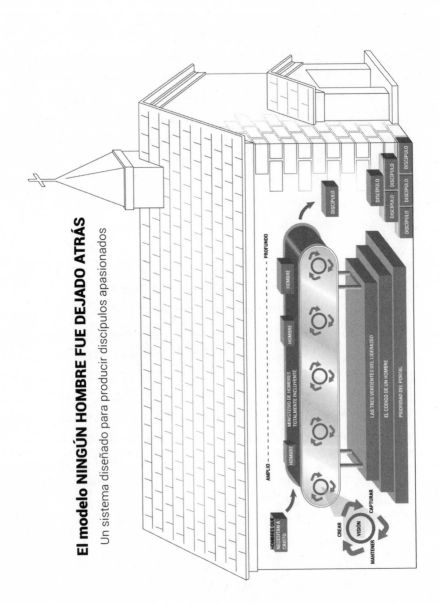

1

EL MINISTERIO DE HOMBRES ES UNA CIENCIA DE COHETES

Pat Morley, uno de los autores del libro original No Man Left Behind, *tiene un dicho empresarial favorito que aprendió en algún momento: «Cualquiera puede traerme un problema; yo busco gente que también pueda traerme una solución». Este capítulo ofrece una visión general de un sistema comprobado para ayudarte a discipular a todos los hombres de tu parroquia. El resto del libro desglosará este sistema en detalle.*

DURANTE EL AUGE DE LA TECNOLOGÍA, unos jóvenes profesionales de Orlando, Florida, decidieron crear una empresa de ensueño. Con experiencia en la ayuda a las personas sin hogar, a los desempleados, a los desfavorecidos y a los enfermos, crearon un sistema informático único para hacer un seguimiento de los casos a medida que estas personas pasaban por la comunidad de servicios sociales.

Cuando se propagó el rumor sobre esta nueva tecnología, llegaron peticiones de todo el país. Pronto tuvieron una empresa con ánimo de lucro, inversionistas y consultores. Iban a hacer un buen papel en el mundo. En el proceso, esperaban que también les fuera bien a ellos mismos.

EL SUEÑO AMERICANO

Uno de esos jóvenes profesionales se encargó de vender el *software* de la empresa. En su primer año, la empresa consiguió su primer millón de dólares en ventas. Fue un trabajo arduo. Este vendedor iba a cualquier sitio, a cualquier hora, para hablar con cualquier persona. Asistía a innumerables conferencias y hacía docenas de presentaciones de ventas. Estaba viviendo el sueño americano: estar en la planta baja de una empresa tecnológica.

Pronto empezaron a llamarlo inversionistas de capital riesgo. Les dijeron a él y a su equipo cómo debían crecer, y añadieron que si se alcanzaban ciertas cotas, estarían dispuestos a invertir. Él y su equipo empezaron a creer que iban a triunfar.

Siguiendo el consejo de los capitalistas de riesgo, el joven contrató un equipo de ventas nacional. Pronto, seis personas repartidas por todo el país buscaban clientes potenciales. Pero esos vendedores no conocían ni los servicios sociales ni la tecnología, así que después de encontrar a los clientes potenciales, él volaba de un lado al otro para hacer las presentaciones. En lugar de que una persona programara los viajes por él, ¡ahora eran seis quienes lo hacían!

LA BURBUJA ESTALLA

Entonces, el mercado bursátil empezó a decaer. De repente, los inversionistas de capital riesgo que habían estado esperando ansiosamente el crecimiento de la empresa dejaron de devolver las llamadas telefónicas, incluso cuando el equipo cumplía los objetivos de los posibles inversionistas.

«Cuando las cosas se ponen difíciles, los fuertes se ponen en marcha», había escuchado este vendedor toda su vida. Así que se esforzó aún más. Incluso sin el capital de esos inversionistas, estaba decidido a convertir la empresa en un éxito por pura voluntad.

Una tarde, recibió una emotiva llamada de su representante en Texas. Le pidió que acudiera al día siguiente para reunirse con un importante cliente potencial del gobierno. Un poco cansado, el vendedor llamó a su mujer para comunicarle que tenía que hacer otro viaje, y con poca antelación. La respuesta de ella lo tomó desprevenido.

«No pasa nada», le dijo ella. «Es más fácil cuando no estás aquí».

Él trató de reírse. «Más fácil cuando no estoy. ¡Ja!». El hombre y su esposa tenían dos hijos pequeños, eran activos en su iglesia y tenían una casa. ¿De qué estaba hablando ella? Al llegar a casa, le preguntó.

«Quiero decir que es más fácil cuando no estás aquí», repitió ella. «Entiendo que estás tratando de construir una empresa. Pero tampoco es fácil para mí. Llamas a las cinco y media para decir que pronto terminas y que en treinta minutos estarás en casa, pero llegas a las ocho. Intento mantener la cena caliente, pero lo cierto es que ya está arruinada. Soy yo quien tiene que responderles los niños cuando preguntan: "¿Dónde está papá?" o "¿Por qué papá está tan gruñón?". Cuando llegas, estás tan cansado que prácticamente nos ignoras. Así que vete de viaje. Estaremos bien.

De verdad. Es más fácil cuando no estás aquí».

Él estaba en problemas. Lo peor de todo es que no sabía realmente cómo había sucedido todo aquello. Se había dicho a sí mismo que todo lo hacía por su familia. Que compraría una linda casa en un buen barrio para su mujer, que enviaría a sus hijos a buenos colegios y que daría dinero a la caridad. Pero, en algún momento, perdió el rumbo. Se dio cuenta de que no se trataba de su familia, sino de él.

Irónicamente, mientras se perdía en su empresa, él y su mujer estaban ocupados en su iglesia, donde dirigían a varios cientos de niños de primaria en el programa para jóvenes.

Él creció en la iglesia, y ahora era un líder en su iglesia. Sin embargo, su esposa y su familia preferían que se fuera. Era más fácil. Se había convertido en una distracción en sus vidas.

¿Por qué lo dejaban atrás? ¿Por qué no había conectado con su iglesia de manera que le ayudara a convertirse en un discípulo apasionado de Jesucristo?

¿Algo de esta historia resuena en tu vida? ¿Hay algunos hombres como él que conozcas?

LA PARADOJA DEL MINISTERIO DE HOMBRES: ES REALMENTE UNA CIENCIA DE COHETES

El ministerio de hombres. ¿Qué tan difícil puede ser? Piénsalo: tienes hombres, tienes una parroquia. Añade un testimonio, unos panqueques, una oración, y... un ministerio de hombres católico. O tal vez no, especialmente a la luz de estas palabras de Juan Pablo II a los obispos estadounidenses:

A veces incluso los católicos han perdido o nunca han tenido la oportunidad de experimentar a Cristo personalmente; no a Cristo como un mero «paradigma», sino al Señor vivo: «el camino, la verdad y la vida» (Juan 14:6).[3]

Hemos trabajado con miles de iglesias católicas y protestantes por todos los Estados Unidos para ayudarles a discipular a los hombres. Líderes de parroquias de todo el mundo han viajado a Orlando para asistir a clases en nuestro Centro de Formación de Líderes. Este libro se basa en lo que hemos aprendido de estas y otras parroquias. Se trata de que te apoyes en sus hombros.

Para animar y motivar a estos líderes, solíamos decirles: «Miren, lo que estamos tratando de hacer aquí no es ciencia de cohetes».

Y entonces, durante una clase... una nueva percepción. Mientras mirábamos a este grupo de líderes que luchaban por alcanzar a los hombres en sus parroquias, nos dimos cuenta de que no eran hombres despistados. Muchos eran exitosos hombres de negocios. Eran hombres consumados, inteligentes y trabajadores. Y, sin embargo, año tras año, luchaban por alcanzar y discipular a los hombres de sus parroquias.

¿Por qué? Porque el ministerio de hombres es agotador. Como dijo un líder: «Un hombre es algo difícil de alcanzar».

El ministerio de hombres es realmente una ciencia de cohetes. Aunque el proceso es bastante sencillo, los hombres en sí mismos son bastante complejos.

Cuando trabajas con cohetes, las cosas son bastante objetivas. Se trata de leyes físicas y conceptos matemáticos como la gravedad, la velocidad, los ángulos de ascenso y los coeficientes de arrastre. Pero los hombres no son tan predecibles. Los cohetes no son despedidos de sus trabajos, ni tienen problemas con sus hijos, ni sufren crisis de salud.

Sin embargo, hay algunos paralelismos entre la ciencia de cohetes y el ministerio de los hombres. Por ejemplo:

- *La gravedad.* La mayoría de los hombres soportan la carga de mantener a una familia económicamente, tratando de ser un buen esposo y padre, y resistiendo las tentaciones de un mundo que quiere arrastrarlos.
- *La velocidad.* Algunos católicos, especialmente los recién convertidos, se comportan como locos. Pero muchos llevan largo tiempo en su parroquia, su entusiasmo disminuye y a menudo acaban limitándose a asistir a misa.
- *Ángulos de ascenso.* Algunos hombres lo logran y avanzan con paso firme; otros van de un lado a otro en su viaje espiritual, desviándose y haciendo daño a la gente mientras avanzan. La clave es asegurarse de que avancen hacia la semejanza con Cristo.
- *Coeficientes de arrastre.* Trabajos, partidos de soccer, problemas familiares, compromisos parroquiales, aficiones. Todo esto parece frenar a los hombres cuando buscan desarrollar o profundizar su fe y su ministerio.

Si has estado luchando por conseguir tracción en tu ministerio de hombres, esto debería traerte alivio y esperanza. Alivio porque entiendes que no eres tú solo (realmente es difícil alcanzar y discipular a los hombres), y esperanza porque este libro contiene una estrategia que puede ayudarte a hacerlo. Puedes alcanzar a los hombres de tu parroquia. Puedes hacer que se acerquen a Cristo.

LA FÍSICA DEL MINISTERIO DE HOMBRES

Debes aceptar varias constantes si quieres lanzar y mantener un poderoso ministerio para hombres (estas volverán a surgir más adelante, pero es bueno manejar tus expectativas desde el principio). Aquí hay tres parámetros realistas para recordar:

Primero, se necesita mucho tiempo para hacer un discípulo. Jesús pasó tres años con sus discípulos, viajando con ellos, comiendo con ellos, enseñándoles. Incluso entonces, uno de ellos lo vendió, otro negó que lo conociera, y todos entraron en pánico y se escondieron después de que Jesús fuera asesinado. ¿Cómo podemos esperar hacer discípulos en una clase de veinticuatro semanas?

En segundo lugar, se puede tardar hasta diez años en construir y mantener un ministerio exitoso. Así es. Diez años. Como dijo Richard Foster: «Nuestra tendencia es sobreestimar lo que podemos lograr en un año, pero subestimar lo que podemos lograr en diez años».[4] No existe una «historia de éxito del ministerio de hombres de la noche a la mañana». Si sigues adelante, eventualmente mirarás alrededor de tu parroquia y verás hombres que son discípulos y líderes. Te darás cuenta de que tu ministerio es responsable de alguna manera de la mayoría de esos hombres. Y esto tomará diez años. No estás llamado a producir resultados inmediatos, solo a ser fiel.

En tercer lugar, no hay «Cinco pasos fáciles para un ministerio de hombres eficaz». Ni siquiera hay cinco pasos difíciles. En el Centro de Entrenamiento de Liderazgo, a veces se refieren a esto como «Insertar la Pestaña A en la Ranura B del Ministerio para Hombres». Simplemente no funciona así. Este libro es preceptivo, no prescriptivo. Explica «por qué» y «cómo» discipular a los hombres, pero no especifica exactamente «qué» hacer. En cambio, te ayudará a planificar tus propios pasos concretos según la cultura y las necesidades de tu parroquia.

DEL PROTOTIPO A LA FABRICACIÓN

La fría y dura realidad es que no veremos un avivamiento en Estados Unidos y en el mundo si la edificación efectiva de discípulos varones no pasa de la etapa de prototipo a la etapa de fabricación. ¿Qué queremos decir con esto? Imagina que vives en 1900. Habrías visto pasar un automóvil por la ciudad. La gente se habría reunido para señalar y mirar este nuevo e inusual aparato. Pero solo veinticinco años después, ver un automóvil no habría sido gran cosa. ¿Por qué? Porque en 1913, Henry Ford inventó la cadena de montaje con una banda transportadora. ¡En 1927, la Ford Motor Company había fabricado quince millones de modelos T! Ford contribuyó a que la industria del automóvil pasara de la fase de prototipo a la de fabricación.

En este momento, muchas parroquias católicas están haciendo una labor maravillosa para capacitar a los hombres a ser discípulos utilizando una variedad de programas diferentes. Puede que hayas oído hablar de algunos de ellos. Hay aproximadamente 17.000 parroquias en Estados Unidos, según las estadísticas de CARA para el 2016.[5]

Nuestra pasión es ver un ministerio dinámico para hacer discípulos a los hombres en todas estas parroquias. Formar a los hombres como discípulos tiene que pasar de ser una actividad inusual en unas pocas parroquias a una característica común de la vida parroquial.

> ## La GRAN Idea
>
> El sistema de discipulado de tu iglesia está perfectamente diseñado para producir el tipo de hombres que tienes sentados en los bancos.

UN SISTEMA PERFECTAMENTE DISEÑADO

¿Qué pasa con tu parroquia? En los negocios tenemos un axioma: «Tu sistema está perfectamente diseñado para producir los resultados que estás obteniendo». Imagínate una fábrica en la que el guardabarros delantero derecho se cae de cada tres autos que salen de la cadena de montaje. El «sistema» de fabricación de la factoría está perfectamente diseñado para producir autos con una probabilidad de uno en tres de que el guardabarros se caiga.

Esto se aplica a algo más que a los procesos de fabricación. Lo mismo puede decirse de los sistemas (o modelos) ministeriales. En otras palabras, el «sistema» de discipulado de tu parroquia está perfectamente diseñado para producir el tipo de hombres que tienes sentados en los bancos (o no sentados en los bancos, según sea el caso).

CÓMO ESTÁ ESTRUCTURADO ESTE LIBRO

Por eso, en este libro nos centramos en ayudar a las parroquias y en proveer y formar a los líderes. Te presentaremos un sistema diseñado para mantener un ministerio eficaz de formación de discípulos entre los hombres de tu parroquia. Este modelo ya ha sido ensayado en muchas iglesias: es un sistema que funciona, un sistema diseñado para crear discípulos apasionados.

El objetivo es formar hombres católicos que encarnen el Gran Mandamiento: amar a Dios con todo el corazón, la mente, el alma y las fuerzas, y amar al prójimo como a sí mismos.

El modelo NINGÚN HOMBRE FUE DEJADO ATRÁS

Un sistema diseñado para producir discípulos apasionados

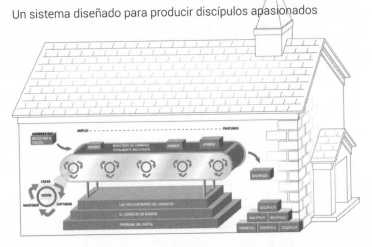

Este modelo demuestra cómo construir una «banda transportadora» para discipular a los hombres en tu parroquia. Al igual que una acera móvil en un aeropuerto o una línea de montaje en la fábrica de Henry Ford, este proceso ayuda a los hombres a ir desde donde están hasta donde Dios los llama a estar.

El resto de este capítulo presenta una visión general de los componentes del modelo, así como un avance de lo que vendrá en el resto del libro. Adoptaremos una visión de helicóptero y repasaremos los principales conceptos y conocimientos. No creas que tienes que entenderlo todo ahora: los siguientes capítulos desglosarán cada aspecto paso a paso.

Es importante conocer todas estas ideas antes de analizar cada una de ellas en detalle, porque juntas forman un todo integrado. Este sistema es definitivamente más que la suma de sus partes.

El modelo tiene tres secciones. El propósito de la «Primera Parte: la promesa del ministerio de hombres» es entender mejor cómo están los hombres, qué necesitan y cómo ayudarlos. El propósito de la «Segunda parte: los fundamentos de tu ministerio a los hombres» es comprender los elementos básicos de un sistema de discipulado sostenible en tu parroquia. El propósito de la «Tercera Parte: planificando y ejecutando tu ministerio con los hombres» es darte una estrategia para discipular a todos los hombres de tu parroquia.

Al final del capítulo 12, especialmente si lo trabajas con un equipo, creará un plan concreto para saber exactamente qué hacer en tu parroquia.

La primera parte se analizará en los capítulos 2 al 4, la segunda en los capítulos 5 al 7, y la tercera en los capítulos 8 al 12. La siguiente es una rápida introducción a cada una de ellas.

PRIMERA PARTE: LA PROMESA DEL MINISTERIO DE HOMBRES: LO QUE PUEDE HACER TU PARROQUIA POR LOS HOMBRES

Antes de empezar a construir un sistema, es una buena idea entender los puntos de partida y de llegada. Empecemos por los hombres. ¿Qué es exactamente lo que esperamos lograr con ellos?

Los hombres a los que quieres llegar son la materia prima de tu sistema. Los hombres de tu comunidad parroquial son los que entran en el lado izquierdo de la banda transportadora. Leerás más sobre el estado de los hombres en Estados Unidos en el capítulo 2.

Tu objetivo es crear un entorno que Dios pueda utilizar para producir discípulos activos y comprometidos. Como sabemos, los discípulos son hombres que son llamados a caminar con Cristo (convertidos), proveídos para vivir como Cristo (formados), y enviados a trabajar para Cristo (movilizados): ver 2 Timoteo 2:15. Son los resultados, o productos, de tu sistema del ministerio de hombres; son hombres maduros en su fe católica.

La introducción a *Our Hearts Were Burning within Us: A Pastoral Plan for Adult Faith Formation in the United States* (Nuestros corazones ardían dentro de nosotros: un plan pastoral para la formación de la fe de los adultos en Estados Unidos) lo expresa así:

> Estamos deseosos de testimoniar y compartir fielmente la palabra de vida sobre el reino de Dios, para que cada nueva generación pueda escuchar esta palabra en sus propios acentos y descubrir a Cristo como

su Salvador. Todo discípulo del Señor Jesús participa en esta misión. Para hacer su parte, los católicos adultos deben ser maduros en la fe y estar bien provistos para compartir el evangelio, promoviéndolo en cada círculo familiar, en cada reunión parroquial, en cada lugar de trabajo y en cada foro público. Deben ser mujeres y hombres de oración cuya fe esté viva y sea vital, basada en un profundo compromiso con la persona y el mensaje de Jesús.[6]

Algunos discípulos se convertirán en líderes, y algunos de estos líderes se convertirán en aliados. ¿Cómo son los hombres en cada una de estas etapas? El capítulo 3 tratará sobre los líderes en profundidad, pero a continuación se ofrece una visión general de las etapas básicas.

1. *Discípulos católicos maduros.* Son hombres que abrazan una estrecha relación con el Señor y buscan vivir una vida piadosa, caracterizada por la participación fiel en la misa, la recepción regular de los sacramentos (la Eucaristía y la Reconciliación son cruciales: véase CIC, 1324, 1422), y una vida de oración activa. Comprenden el evangelio y tienen hambre de crecer. Han dejado de buscar al Dios que quieren y han empezado a buscar al Dios que es. Entienden que el cambio se produce de adentro hacia afuera. Saben, por experiencia propia, que el cristianismo no consiste solo en modificar el comportamiento, sino en la conversión continua que conduce a la transformación espiritual. El Catecismo los describe como hombres que viven en la plenitud de su bautismo

(véase CIC, 1227) y son sellados por la unción del Espíritu Santo en la confirmación (véase CIC, 1289). Hablaremos en mayor detalle sobre los católicos maduros y llenos de fe en el capítulo 9.

2. *Líderes.* Son hombres que empiezan a vivir desde el desbordamiento de su propia relación personal con el Señor Jesús. Ya no se preocupan solo por su camino con Dios; ahora quieren hacer lo necesario para ayudar a otras personas a crecer también. Estos son los hombres «confiables», quienes, a su vez, transmitirán a otros lo que han aprendido. Conoce más sobre los líderes en el capítulo 6.

3. *Aliados.* Son hombres que se han convertido en apasionados y convencidos de que Dios puede usarlos a ellos, y a otros hombres de su parroquia, para transformar el mundo para Su gloria. Estos son los hombres que se convertirán en futuros miembros de tu equipo de liderazgo masculino e impulsarán el crecimiento de tu ministerio de discipulado con hombres. Reza y concentra tus energías en la creación de aliados. Conoce más sobre los aliados en el capítulo 4.

SEGUNDA PARTE: LOS FUNDAMENTOS DE TU MINISTERIO A LOS HOMBRES

Hay tres componentes que proporcionan una base sólida sobre la cual construir tu ministerio entre los hombres: la Prioridad del Portal (tu filosofía del ministerio), el Código del Hombre (el ambiente que creas para los hombres) y las Tres Vertientes de Liderazgo.

La Prioridad Portal. Las parroquias que llegan a los hombres de manera efectiva hacen del discipulado su prioridad portal («Por tanto, vayan y hagan discípulos de todas las naciones, bautizándolos en el nombre del Padre, del Hijo y del Espíritu Santo»). Con esto queremos decir que todas las demás iniciativas de la parroquia están al servicio del discipulado. No se pueden producir adoradores suplicando a los hombres que adoren; no se pueden producir mayordomos fieles avergonzando a los hombres para que den; no se pueden crear evangelistas católicos simplemente formando a los hombres para que compartan. Los hombres no adorarán a un Dios que no conocen ni veneran; no darán a un Dios que no aman; y no compartirán sobre un Dios que no les apasiona. El modelo de Jesús es formar discípulos que adoren; discípulos que den generosamente su tiempo, talento y tesoro; y discípulos que sean apasionados por compartir las buenas noticias sobre lo que Él ha hecho por ellos. Trataremos la prioridad portal en el capítulo 5.

Un código masculino. Las parroquias que discipulan efectivamente a los hombres tienen una fuerte atmósfera masculina. Crean un «código masculino» no escrito que define lo que significa ser un hombre en su parroquia. Los hombres nuevos se empapan de la atmósfera: «Ser un hombre aquí es ser importante y valioso, y también formar parte de lo que Dios está haciendo para transformar el mundo». A veces, la increíble aventura de seguir a Cristo queda enterrada bajo los aburridos anuncios de los boletines. Muchos hombres solo esperan una invitación. Haz que tu parroquia sea un lugar donde los hombres puedan ser hombres. Leerás más sobre un código masculino en el capítulo 5.

Los tres vertientes del liderazgo. Para discipular a todos los hombres de tu comunidad parroquial, tu banda transportadora necesitará una base sólida que provenga del liderazgo. Los ministerios de discipulado para hombres que tienen éxito cuentan con el respaldo y la participación del párroco (un sacerdote ordenado), un líder comprometido (que puede ser un sacerdote o un diácono, pero que en la mayoría de los casos será un laico) y un equipo de liderazgo laico eficaz y renovado: tres vertientes de liderazgo (como la cuerda de tres hilos en Eclesiastés 4:12). El liderazgo se explorará en el capítulo 6.

POR ENCIMA DE LOS CIMIENTOS: EL PROCESO

Además de estos cimientos, te ayudaremos a construir un proceso de «banda transportadora» de tu ministerio de hombres.

De lo ancho a lo profundo. Las parroquias que llegan a los hombres construyen un sistema que mueve a los hombres a lo largo de la progresión «de lo ancho a lo profundo». Un objetivo del ministerio de hombres de tu parroquia es encontrar hombres que puedan ser tibios en su fe (interesados en oportunidades en el lado ancho) y llevarlos a convertirse en discípulos apasionados (invertidos en el ministerio en el lado profundo). Cada actividad o programa de tu parroquia atraerá a hombres que se encuentran en diferentes puntos de la progresión. Una de las funciones del liderazgo es asegurarse de que todos los líderes estén en la misma página y que se cubra toda la progresión para ayudar a discipular a cada hombre.

Todo incluido. Desarrolla una mentalidad incluyente reconociendo que todo lo que tu parroquia hace en relación con los hombres es un ministerio de hombres. En otras palabras, el tamaño de tu ministerio de hombres es igual al número de hombres que hay en tu parroquia. La comprensión tradicional del ministerio de hombres incluye solo aquellas actividades que se realizan cuando los hombres están solos, como las reuniones de los Caballeros de Colón, los desayunos de comunión masculina los sábados por la mañana o los estudios bíblicos masculinos. Los ministerios masculinos incluyentes discipulan a los hombres justo donde están, maximizando cada interacción con cada hombre. Tienes un «ministerio de hombres» con cada hombre en tu parroquia: la única pregunta es: «¿Es efectivo?».

El continuo de amplio a profundo y el ministerio de «todo incluido» se detallan en el capítulo 7.

TERCERA PARTE: PLANIFICANDO Y EJECUTANDO TU MINISTERIO DE HOMBRES

Una vez construida la banda transportadora, necesitas un motor para ponerla en marcha. Construirás y ejecutarás tu plan con la estrategia Visión-Creación-Captura-Mantenimiento. La implementación de esta estrategia ayuda a mover a los hombres paso a paso a lo largo de la progresión 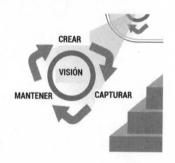 para convertirse en discípulos maduros. La siguiente es una breve introducción a los elementos que se describen detalladamente en los capítulos 8 al 11, respectivamente.

Visión. Las parroquias que producen discípulos fuertes claramente deben comunicar su visión de manera que resuene con los hombres. Utiliza un nombre y un eslogan o una frase que conecte con los hombres a nivel visceral. En cada interacción que tenga con los hombres, explica clara y apasionadamente cómo este evento o actividad ayuda a cumplir su propósito y trae gloria a Dios.

Crear. Crea un impulso con los hombres creando valor. Haz que un hombre se inicie en el discipulado ayudándole a dar un nuevo paso espiritual. Invítalo a un desayuno, a una reunión de grupo de hombres, a un estudio bíblico de hombres, a una conferencia de hombres católicos, a un retiro o a una actividad especial para hombres. Si dice que sí, es porque le has dado algo que cree que será valioso.

Captura. Captura el impulso dando a cada hombre un «siguiente paso correcto» en el momento en que crees el impulso. Utiliza actividades a corto plazo y de bajo umbral que faciliten que el hombre siga avanzando. Por ejemplo, ofrece un estudio temático de seis semanas sobre una necesidad comúnmente sentida, como la profundización de nuestra fe, o quizá el dinero (planificación financiera), o el trabajo.[7] Asegúrate de capturar el impulso pidiendo a los hombres un compromiso en el momento en el que más sientan el valor.

Mantenimiento. Mantén el impulso involucrando a los hombres en los procesos de discipulado a largo plazo más efectivos de tu parroquia. Tan pronto como sea posible, ayuda a los hombres a establecer relaciones significativas con otros a través de pequeños grupos católicos de hombres. El cambio más duradero tiene lugar en el contexto de las relaciones. Mantén el cambio centrándote en el corazón en lugar de permitir que los hombres simplemente sean agradables y actúen.

Repite este ciclo una y otra vez a través de tus interacciones con los hombres y mira cómo Dios las usa para ayudar a los hombres a convertirse en discípulos pasivos.

Construye tu plan. Este sistema funcionará de manera diferente en cada parroquia. En el capítulo 12, volveremos a ver todo el modelo paso a paso. Te daremos dos conjuntos de ejercicios: uno para trabajar en los próximos tres meses, y el otro para el próximo año. Esto te dará la oportunidad de elaborar un plan concreto que se adapte a tu parroquia.

¿Cuál es el resultado de aplicar este sistema en tu parroquia? Formarás parte de una parroquia dinámica llena de hombres apasionados que viven y aman como Cristo. Hemos visto esto en cientos de iglesias en todo Estados Unidos.

¿POR QUÉ ESTO ES TAN IMPORTANTE?

Las parroquias dedican una gran cantidad de dinero y tiempo cada año a diversos programas. Sin embargo, según el Centro de Investigación Aplicada en el Apostolado (CARA), asociado a la Universidad de Georgetown, solo el 24 por ciento de los católicos que se identifican como tales asiste a misa semanalmente. Uno se siente tentado a preguntar: «¿Qué avances se han realizado en áreas como la retención de los hombres católicos en la misa, la prevención del divorcio o la paternidad?». Las consecuencias son asombrosas. Muchos miembros de la generación del *baby boom* fueron criados por padres divorciados o separados. Ahora, los pecados de los padres se están cebando con la siguiente generación: esta noche, el 33 por ciento de los setenta y dos millones de niños estadounidenses se acostará en un hogar sin padre biológico. El 66 por ciento de ellos no se espera que vivan con ambos padres biológicos hasta los dieciocho años.[8] Ahora estamos soportando todo el peso de las consecuencias de nuestro fracaso en el discipulado de los hombres.

LA OPORTUNIDAD:
EL HOMBRE VUELVE EN SÍ

La historia del principio de este capítulo no es una ilustración. Es el relato real de Brett Clemmer, uno de los autores del libro original *No Man Left Behind*.

Más o menos cuando su esposa le dijo que todo era más fácil cuando él no estaba, recibió una llamada de un amigo. «¿Sabes que nuestras esposas se reúnen en ese estudio bíblico de mujeres? Bueno, estuve hablando con algunos de los otros maridos. Tal vez deberíamos tener un grupo de hombres también, aunque solo sea para protegernos, porque estoy bastante seguro de que están hablando de nosotros». Brett también estaba muy seguro de eso. Se preguntó qué habría oído su amigo sobre él.

«Claro», dijo. «¿Qué vamos a estudiar?».

«¿Recuerdas el libro que repartieron hace unas semanas?».

«Tráelo y veremos si queremos usarlo».

Trajo el libro, y ese grupo, dice, fue el comienzo de un renacimiento de su fe:

> El libro era *The Man in the Mirror*. Decidimos estudiarlo, y salvó mi matrimonio, mi familia y, en muchos sentidos, mi vida. El libro hablaba directamente de lo que yo estaba viviendo: todo el concepto de cristianismo cultural parecía sacado de mi experiencia.

Él añade que la parte más importante de su estudio fue la media docena de chicos que conoció: «Todos nosotros luchamos por ser buenos padres y esposos, todos trabajamos demasiado y tratamos de encontrar el equilibrio. Eso me dio hermanos. Y juntos, viajamos hacia Cristo».

Su empresa de software acabó quebrando. «Pero ocurrió algo curioso cuando mi sueño de crear una empresa murió», dijo. «Mientras mi carrera caía en picada, mi relación con mi mujer y mis hijos se disparó. Y encontré una nueva vida en mis relaciones con mis hermanos y con Dios». ¿Por qué? Alguien decidió llamarlo para que se convirtiera en discípulo.

En tu parroquia hay hombres como este. Este libro ha sido escrito para ayudarte a llegar a ellos y discipularlos para su bien y gloria de Cristo. Gracias por unirte a la aventura. Juntos podemos pedir a Dios que nos ayude a que ningún hombre católico sea dejado atrás.

Recuerda esto...

- El ministerio de hombres es realmente una ciencia de cohetes, solo que más difícil.
- Se necesita mucho tiempo para formar un discípulo.
- Construir un ministerio de hombres exitoso puede tardar hasta diez años.
- No existe algo así como «Los cinco pasos fáciles para un ministerio para hombres eficaz».
- La formación de hombres para el discipulado necesita pasar de la etapa de prototipo a la de fabricación (es decir, de la conversión a la transformación y a la movilización para la misión).
- Tu sistema para la formación de discípulos está perfectamente diseñado para producir hombres que estén sentados o no en las bancas de tu parroquia.
- El modelo «Ningún hombre fue dejado atrás» te ayudará a hacer que los hombres de tu parroquia se conviertan, paso a paso, en discípulos católicos maduros.

Hablen de esto...

Discute estas preguntas con tu equipo de liderazgo:

1. «El ministerio de hombres es realmente una ciencia de cohetes». ¿Estás de acuerdo con esto o no, y por qué? ¿Qué ha sido tu experiencia pasada al tratar de construir un ministerio de hombres?

2. ¿Cómo describirías en pocas frases el «sistema» para llegar y formar a los hombres como discípulos en tu parroquia hoy en día? ¿Qué tipo de resultados has obtenido?

3. Revisa el modelo «Ningún hombre fue dejado atrás». ¿Qué conceptos estás deseando aprender, y por qué?

Recen por esto...

Recen juntos como equipo de liderazgo:

*   Que Dios una sus corazones mientras buscan desarrollar un ministerio de discipulado efectivo para los hombres en tu parroquia y en las parroquias de tu diócesis.

*   Que Dios les revele cómo pueden aplicar lo que aprenden.

*   Que tu parroquia sea un lugar donde cada hombre sea discípulo y ningún hombre católico sea dejado atrás, y que tu diócesis se llene de parroquias como la tuya.

PRIMERA PARTE

LA PROMESA DEL MINISTERIO DE HOMBRES

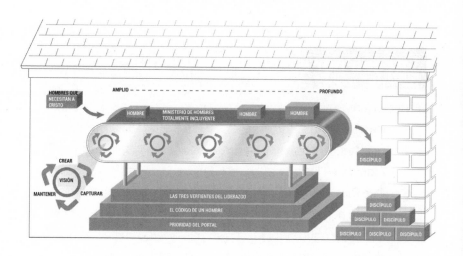

2

NINGÚN HOMBRE FRACASA A PROPÓSITO

Antes de obtener la respuesta correcta, debes hacer la pregunta correcta. ¿Qué es el estado de los hombres en Estados Unidos hoy en día? ¿Y qué diferencia supone esto? Cuando veamos y entendamos las ramificaciones de los hombres que están fallando, entenderemos que empezar con los hombres es una solución sistémica a los problemas de nuestras iglesias y del mundo.

MUCHOS, SI NO LA MAYORÍA, de nuestros problemas culturales —el divorcio, el aborto, la delincuencia juvenil, la carencia del padre—, pueden remontarse al fracaso de un hombre.

Irónicamente, es un hombre que se levantó por la mañana con la esperanza de tener éxito.

Las señales están a nuestro alrededor. Vivimos en un país donde cada tercer hijo nace por fuera del matrimonio, donde veinticuatro millones de niños no viven con sus padres biológicos, donde casi la mitad de los matrimonios acaban en divorcio. Podemos leer estas estadísticas y pasarlas por alto. O podemos considerar lo que significan para nuestro país y nuestras iglesias. ¿No estás de acuerdo en que debe

- 72.000.000 de niños menores de dieciocho años. Esta noche, el 33 por ciento de ellos se acostará en un hogar sin un padre biológico.
- El 40 por ciento de los primeros matrimonios acaban en divorcio, lo que afecta a un millón de niños cada año. Las tasas de divorcio de los segundos y terceros matrimonios son mayores.
- El 33 por ciento de los niños nacen por fuera del matrimonio.

FUENTES: Oficina del Censo de EE. UU.; Wade F. Horn y Tom Sylvester, Father Facts, 4ª ed. (Gaithersburg, MD: National Fatherhood Initiative, 2002); y James Dobson, Bringing Up Boys (Wheaton: Tyndale, 2001).

haber algo sistemáticamente erróneo en una cultura que permite que sucedan estas cosas?

La carencia de padres es un problema rampante y bien documentado en nuestra sociedad. Solo un tercio de todos los niños de Estados Unidos vivirá con sus dos padres biológicos hasta los dieciocho años. La mitad de los niños en hogares rotos no han visto a su padre en más de un año. Los niños que proceden de hogares sin padre tienen cinco veces más probabilidades de vivir en la pobreza, tener problemas emocionales y repetir cursos escolares.

Sin embargo, todos estos son síntomas de problemas sistémicos más profundos. Tratar los síntomas es necesario y agradable, pero no se puede curar una enfermedad tratando los síntomas. Así que, aunque hay muchos estudios sociológicos y psicológicos que explican por qué tenemos tantos problemas, el problema «de raíz"» —el problema sistémico— es que no hemos discipulado adecuadamente a nuestros hombres. La única manera de resolver los problemas sistémicos es por medio de soluciones sistémicas.

BEBÉS EN EL RÍO

En los círculos de servicios sociales se cuenta una parábola sobre un pequeño pueblo a orillas de un río. Un día, uno de los habitantes del pueblo vio a un bebé flotando en el agua. El aldeano nadó rápidamente para salvar al bebé y lo llevó a la orilla.

Al día siguiente, otro aldeano caminaba junto al río y vio a dos bebés en el río. Rápidamente se lanzó al agua y los rescató. Al día siguiente, los aldeanos rescataron a cuatro bebés. Cada día aumentaba el número de niños en el agua.

Los aldeanos se organizaron rápidamente, construyeron muelles, ataron cuerdas y formaron equipos para rescatar a los bebés. Pronto trabajaron día y noche. Y el número de niños que flotaban en el río seguía aumentando cada día.

Los aldeanos trabajaron todo lo que pudieron, incluso hasta el agotamiento. Pero nadie se preguntaba: «¿Por qué están estos niños en el río? Vayamos río arriba y veamos de dónde vienen».

¿Cuál es la causa río arriba de nuestros males culturales y espirituales? Consideremos un asunto concreto como el divorcio. A veces oímos la historia de una esposa que tuvo una aventura y dejó a su marido, o de un hijo cuyo comportamiento es tan malo que destroza a la familia. Pero solo se oye hablar de estas historias porque son relativamente raras. Y a menudo, incluso si una esposa tiene una aventura, es solo después de años de negligencia emocional —si no de abuso—, por parte de un marido *al que nunca se le enseñó lo que se necesita para tener un matrimonio exitoso.*

Aunque la tasa de divorcios católicos es inferior al promedio de Estados Unidos, sigue siendo una cifra desalentadora. Es importante recordar que este porcentaje representa a más de once millones de personas. La mayoría de ellos probablemente necesitan un mayor alcance y un ministerio continuo de la Iglesia.[9]

Consideremos ahora los embarazos adolescentes: los hombres jóvenes a los que su padre les ha inculcado los valores adecuados sabrán cómo tratar a las mujeres jóvenes. Las mujeres jóvenes que están seguras del amor de su padre y de Dios no buscarán aceptación en los brazos de los hombres jóvenes. ¿Los hombres de tu parroquia saben cómo enseñar a sus adolescentes sobre el sexo, la castidad y el plan de Dios para que encuentren la felicidad en una relación matrimonial amorosa?

¿Y qué de la delincuencia? Los hombres constituyen el 93 por ciento de la población carcelaria en Estados Unidos. Y de ellos, el 85 por ciento dice no tener una figura paterna en sus vidas. ¿Cuántos de esos hombres estarían en la cárcel ahora mismo si sus padres hubieran permanecido con ellos y participado en sus vidas?[10]

Nadie está tratando de hablar mal de los hombres aquí. En todo caso, estamos diciendo: «¡Mira qué importantes son los hombres! ¡Mira lo que pasa cuando no se les enseña a hacer las cosas bien!».

PERO TODO ES MEJOR EN LA IGLESIA, ¿VERDAD?

Uno pensaría que la Iglesia sería un refugio seguro para muchas de estas estadísticas perturbadoras. Seguramente los niños que crecen yendo a la iglesia tendrán una base de fe que se mantendrá en la edad adulta. Si una pareja va junta a la iglesia, se podría pensar que su matrimonio tendrá muchas más probabilidades de éxito. Lamentablemente, ninguna de estas suposiciones es cierta.

De hecho, los hombres en la Iglesia se enfrentan a los mismos retos y frustraciones que los hombres por fuera de la Iglesia. Por ejemplo, por cada diez hombres en la Iglesia:
- Nueve tendrán hijos que dejarán la Iglesia.[11]
- Ocho no encontrarán que sus trabajos sean satisfactorios.[12]
- Seis verán pornografía al menos una vez al mes.[13]
- Los diez tendrán dificultades para conciliar el trabajo y la familia.

Pide a los pastores que enumeren los problemas y dificultades que enfrentan sus miembros. Suena como los títulos de los capítulos de un libro de texto de trabajo social: el abuso de alcohol y de sustancias, la pornografía, la violencia doméstica, la delincuencia juvenil, la depresión, las relaciones rotas, y más.

¿Qué ocurre? Si la mayoría de los principales problemas sociales a los que nos enfrentamos se deben al fracaso de los hombres, ¿por qué los hombres de la Iglesia no lo hacen mejor que los de afuera?

¿La respuesta? No estamos formando a los hombres como discípulos para que sean seguidores comprometidos de Jesucristo. Nuestras iglesias locales no son efectivas en ayudar a los hombres a entender lo que se necesita para ser un esposo piadoso, un padre piadoso y un hombre piadoso.

LOS NÚMEROS NO SON BONITOS

Los siguientes extractos del artículo «Rezar por los hombres: qué los traerá de nuevo a la Iglesia», de Henry Brinton, hablan mucho de por qué es tan importante formar a los hombres como discípulos.[14]

Una encuesta realizada en 2002 a más de 300.000 fieles en más de 2.000 congregaciones reveló que la asistencia a las liturgias católicas corresponde en un 65 por ciento a mujeres, la de los protestantes tradicionales es del 64 por ciento y la de los protestantes conservadores es del 61 por ciento.

Pero ¿tiene este desequilibrio algún efecto real en la Iglesia, y más allá de la comunidad? Estoy convencido de que sí. Un intrigante estudio suizo de 1994 descubrió que la práctica religiosa del padre determina la futura participación en la iglesia de los hijos. El 33 por ciento de los niños cuyos padres asisten regularmente a la iglesia mantendrá esta práctica. Sin embargo, solo el dos por ciento de aquellos cuyo padre no es practicante seguirá yendo a la iglesia, aunque la madre asista. Si el padre asiste y la madre no, el porcentaje de niños que siguen practicando aumenta significativamente. Un estudio realizado en 1997 por investigadores de la Universidad de Michigan y de la Northwestern descubrió que la asistencia a la iglesia por parte de los padres está asociada con niveles más altos de logros educativos tanto para los hijos como para las hijas.

Cuando los hombres participan en la iglesia, desarrollan un conjunto de relaciones que van más allá del lugar de trabajo y su entorno competitivo. Estas relaciones son fundamentales para el bienestar de los hombres, ya que les proporcionan no solo aceptación y estímulo, sino también responsabilidad. Desafían a los hombres a permanecer fieles a sus familias, amigos y comunidades. Creo que si a los hombres no se les reconocen sus esfuerzos y no son alentados cuando tienen dificultades, tenderán a eludir sus responsabilidades y a perseguir los placeres personales, dejando tras de sí familias rotas y comunidades carentes de modelos fuertes. La sociedad sufre si está llena de hombres débiles y errantes. Las mujeres no tienen parejas confiables, los niños crecen sin padre y los jóvenes pierden el sentido de lo que significa ser un hombre de verdad.

Imagina que llevas a dieciocho hombres a un campo de béisbol, los divides en dos equipos y les das cascos, bates, una pelota y guantes. Ahora imagina que solo uno de ellos ha visto un partido de béisbol. ¿Qué ocurriría? Sería un caos. Los hombres se lanzarían pelotas y se perseguirían unos a otros alrededor del campo. Harían preguntas como: «¿Por qué hay tres cuadrados y un pentágono de caucho?», o «¿Qué pasa con estos guantes enormes?». No lo entenderían. Eso es lo que ocurre hoy en día en nuestra cultura. No hay suficientes hombres católicos que aprendan a ser hombres de Dios, por lo que sufrimos el divorcio, la ausencia de padres, la delincuencia y otros problemas sociales.

EMPIEZA POR LOS HOMBRES

La reducción de estos males no vendrá solo de las reformas sociales. Vendrá de reformas espirituales. Lo que necesitamos es nada menos que una reforma moral y espiritual de la sociedad.

Piensa un momento en esto: ¿hay alguna manera de que podamos enmendar la sociedad si antes no enmendamos las parroquias? Si eso es cierto, ¿hay alguna manera de enmendar las parroquias si no enmendamos primero a las familias? Si eso es cierto, ¿hay alguna manera de que podamos enmendar las familias si no enmendamos antes a los matrimonios? Y si eso es cierto, ¿hay alguna manera de que podamos enmendar los matrimonios si no enmendar primero a los hombres?

> Para enmendar a la **sociedad**...
> ▲
> Enmendar a la parroquia; para enmendar a la **parroquia**...
> ▲
> Enmendar a las familias; para enmendar a las **familias**...
> ▲
> Enmendar los matrimonios; para enmendar los **matrimonios**...
> ▲
> Enmendar a los **hombres**...

Entonces, ¿cómo podemos enmendar a los hombres? Los discipulamos para que sean católicos fieles y estén profundamente comprometidos con el Señor Jesucristo. La renovación espiritual de la sociedad empieza por la renovación espiritual de los hombres. «Todo el que sigue a Cristo lo hace porque el Padre lo atrae y el Espíritu lo mueve» (CIC, 259).

¿Se puede hacer esto? Y lo que es más importante, ¿funcionará? Ya se ha hecho antes: «Porque tanto amó Dios al mundo que entregó a su Hijo único», Jesús, que reunió en torno a sí a doce hombres normales y juntos cambiaron el mundo.

LA MISIÓN:
NUESTRAS ÓRDENES DE MARCHA

Mateo 28 contiene el discurso más eficaz jamás pronunciado. Este discurso ha movilizado más millones de personas y miles de millones de dólares que ningún otro en la historia del hombre:

> «Por tanto, vayan y hagan discípulos de todas las naciones, bautizándolos en el nombre del Padre, del Hijo y del Espíritu Santo, y enseñándoles que guarden todas las cosas que les he mandado. Y he aquí, yo estoy con ustedes todos los días, hasta el fin del mundo» (Mateo 28:19-20).

¿Quién iba a pensar que este breve discurso, pronunciado ante un grupo de hombres de mala muerte, la mayoría de los cuales probablemente nunca se habían alejado más de cuarenta y cinco millas de sus hogares, daría lugar a que miles de millones de personas siguieran a Jesucristo? ¿Quiénes eran esos hombres? Eran hombres como los que tienes en tu parroquia:

- Unos pequeños empresarios: Pedro, Santiago y Juan, que eran pescadores
- Natanael —quien tenía algo de esnob—, y dijo: «¡Nazaret! ¿Puede salir algo bueno de allí?».
- Un religioso: Simón el Zelote
- Un empleado del gobierno: Mateo, el recaudador de impuestos
- Jóvenes de veintitantos años o incluso más jóvenes: Andrés, y tal vez todos ellos

Jesús discipuló a estos hombres, y ellos cambiaron el mundo. Si discipulas a los hombres de tu parroquia para que sean fuertes en su fe católica, reciban los sacramentos con frecuencia, mantengan una vida de oración activa, busquen tener una relación más estrecha con Cristo y crezcan en santidad junto con otros hombres, ¿qué sucederá? Los matrimonios mejorarán: luego lo harán las familias, después la parroquia, posteriormente la Iglesia y finalmente el mundo.

A la Iglesia ya le faltan miembros masculinos. En la iglesia promedio de Estados Unidos hay más mujeres que hombres. Piénsalo: ¿por qué les iba a dar Dios más hombres a nuestras iglesias cuando estamos haciendo un trabajo tan inadecuado al formar discípulos a partir de los que ya tenemos? ¿Y por qué querría un hombre ir a una iglesia donde muchos de los hombres que ve son casi idénticos a los que no van?

Tenemos que empezar por los hombres. Necesitan ser discipulados. De lo contrario, eventualmente encontrarán otras cosas para mantener su atención.

LAS APUESTAS:
UNA HISTORIA PERSONAL

Es una historia que escuchamos muy a menudo. De hecho, Patrick (Pat) Morley, uno de los autores del original *No Man Left Behind*, dice que su padre la vivió. Su padre fue abandonado por el suyo a los dos años. Él y sus tres hermanos fueron criados por una madre soltera:

> **La GRAN Idea**
>
> Una reforma espiritual de la sociedad comienza con una reforma espiritual de los hombres.

Ella hizo un gran trabajo. Pero [mi padre] nunca sintió el rasguño de las patillas de su padre, nunca olió su ropa de trabajo, nunca lo oyó silbar mientras trabajaba, nunca lo oyó leer un cuento antes de dormir, nunca vio cómo hacía las tareas. Nunca vio a su padre guiñar el ojo a su madre, nunca le oyó decir: «Te quiero, hijo» o «Estoy orgulloso de ti, hijo». Sin un padre, tuvo que «adivinar» lo que significaba ser un hombre, un marido y un padre.

Cuando su padre cumplió seis años, se fue a trabajar con su hermano mayor en un camión de pan y a repartir periódicos antes de ir a la escuela. Se levantaban a las tres de la mañana y siempre llegaban tarde a la escuela. Verás, cuando un hombre fracasa, no solo arruina su propia vida. Normalmente se lleva por delante a una buena mujer y a dos, tres o cuatro hijos. Pat continúa:

Cuando mi padre llegó a la edad adulta, tuvo que decidir si repetiría los pecados de su padre o si rompería el ciclo. Realmente quería romper el ciclo, así que cuando papá tuvo cuatro hijos propios, nuestra familia se unió a una iglesia para pedir ayuda. Infortunadamente, nuestra iglesia tenía la visión de poner a mi papá a trabajar, pero no la visión de discipularlo para que fuera un hombre, esposo y padre piadoso. Como resultado, mi padre tuvo éxito como trabajador, pero se quedó atrás como discípulo. Así que, a la edad de cuarenta años, cuando él era el líder laico más importante de la iglesia (yo estaba en el décimo grado, y mis hermanos menores estaban en el séptimo, quinto y tercer grado), él y mi madre simplemente se «quemaron», y dejamos la iglesia.

Los resultados han sido trágicos. Esa sola decisión puso a nuestra familia en una espiral de la que, más de cuarenta años después, aún no nos hemos recuperado del todo: dos estudiantes que abandonaron sus estudios, adicción a las drogas, alcoholismo, problemas de empleo y divorcio. Un hermano murió de sobredosis de heroína. Han pasado más de tres cuartos de siglo desde que mi padre fue abandonado por el suyo, y cuarenta años desde que nuestra familia abandonó la iglesia.

No puedo evitar preguntarme cómo habría sido nuestra familia si nuestra iglesia hubiera ofrecido un ministerio de discipulado para hombres. Nunca lo sabré. Pero espero que los hombres de tu iglesia y sus hijos e hijas lo sepan.

Obviamente, él nunca lo sabrá, pero los hombres de tu iglesia sí. Tu iglesia puede romper el ciclo. Como dice Pat:

> Dios trajo el evangelio a mi línea familiar a través de la línea familiar de mi esposa. Mi esposa me llevó a Cristo y, a su vez, pude ayudar a introducir a papá, mamá y dos hermanos a Cristo como su Salvador. Nuestros dos hijos aman a Cristo y ambos se han casado con esposas cristianas.

Así que, por la gracia de Dios, él rompió el ciclo, pero tardó dos generaciones en vez de una en hacerlo.

¿Qué fue la diferencia entre Pat y su padre? Pat se involucró en una iglesia que tenía la visión de discipularlo para que viviera como Cristo: una iglesia decidida a asegurarse de que no fuera dejado atrás.

El padre y la madre de Pat murieron en 2002. Si su padre todavía estuviera vivo, Pat le habría dicho: «Papá, sé que querías romper el ciclo. Sé que las cosas no salieron como las soñaste. Pero, papá, nosotros hemos roto el ciclo. Claro, nos ha costado dos generaciones en lugar de una. Pero ha sido obra de Dios».

Pat sabe que si su padre aún viviera, diría: «Soy responsable de sacarnos de la iglesia». Eso es admirable. Sin embargo, la iglesia también debe aceptar la culpabilidad. Los líderes de la iglesia tuvieron la visión de poner a su papá a trabajar, pero no tuvieron la visión de ayudarlo a convertirse en un discípulo.

NO MÁS HOMBRES DEJADOS ATRÁS

El padre de Pat era un buen hombre. No quería fracasar. Si hubiera podido ver lo que se avecinaba, habría tomado otra decisión. Nunca lo vio venir. Su iglesia, por otro lado, debería haberlo visto venir. Es hora de componer este sistema para que las futuras generaciones de hombres se conviertan en discípulos y no sean dejados atrás.

Es probable que en tu parroquia haya un hombre como el padre de Pat, tratando de ser un buen hombre, lleno de buenas intenciones, de esperanzas y sueños para su familia, un hombre que quiere romper el ciclo. Es un hombre que busca su orientación. Sus hijos e hijas pueden estar en su grupo de jóvenes, y no tienen idea de lo que está a punto de suceder cuando papá deje de ir a la iglesia. Por favor, por el bien de Cristo y de Su reino, identifica a ese hombre y discipúlalo para que sea un hombre, esposo y padre piadoso.

Pat puede testificar acerca de lo importante que es esto. La iglesia de su padre perdió su impulso. Su familia ha sufrido innecesariamente por más de cuarenta años debido a ese error. Esto no tiene por qué sucederles a los hombres de tu parroquia. Puedes elaborar un sistema que Dios pueda usar para discipular a cada hombre de tu parroquia.

Querer hacer algo no es lo mismo que hacerlo. ¿Qué tipo de hombres estás tratando de formar? El próximo capítulo te ayudará a definir a un discípulo para que puedas saber lo que estás tratando de producir.

Recuerden esto...

- Muchos de los problemas culturales de hoy en día pueden remontarse al fracaso de un hombre.
- Ningún hombre fracasa a propósito.
- Los hombres de la Iglesia se enfrentan a los mismos problemas y dificultades que los hombres por fuera de la Iglesia.
- Pocos hombres participan en alguna actividad de discipulado aparte de la misa dominical.
- Jesús derramó Su vida y ministerio en doce jóvenes. Sobre estos hombres construyó la Iglesia.
- Si discipulas a los hombres, los matrimonios mejorarán, luego las familias, luego las parroquias, la Iglesia y finalmente el mundo.
- Nuestras parroquias necesitan una visión para formar discípulos, no solo para poner a la gente a trabajar.

Hablemos de esto...

1. ¿Estamos dando a los hombres una mala imagen cuando decimos que la mayoría de los problemas culturales que enfrentamos se pueden atribuir al fracaso de un hombre? ¿Por qué sí o por qué no?

2. ¿Hay más mujeres que hombres en tu parroquia? ¿Cuál es la proporción entre hombres y mujeres? ¿Cuáles son algunas de las razones para ello? ¿Qué diferencia puede haber?

3. Todos conocemos a hombres que han fracasado —en sus matrimonios, en sus carreras, en sus relaciones con los hijos— aunque no tenían intención de fracasar. ¿Qué crees que pasó?

4. Calcula el porcentaje de hombres de tu parroquia que participan activamente en el discipulado. ¿Cuáles son algunas de las oportunidades de discipulado que ofrece tu parroquia a los hombres? ¿Cuáles son algunas de las razones por las que los hombres que participan se involucraron? ¿Cuáles son algunas de las razones por las que los hombres que no están involucrados se mantuvieron al margen?

Recen por esto....

Recen juntos como equipo de liderazgo:

- Para que Dios le dé al liderazgo de tu parroquia una visión renovada de la importancia de formar hombres como discípulos.

- Para que Dios obre en las vidas de hombres específicos que conozcas y que están fallando de alguna manera: espiritual, emocional, física, financiera y relacionalmente.

- Para que Dios continúe uniendo sus corazones en una visión compartida para discipular a cada hombre en tu parroquia, y que llame a más líderes en tu iglesia para adquirir esta visión.

3

¿QUÉ ES UN DISCÍPULO?

«¿Qué es exactamente un discípulo?». Es una gran pregunta: ¡tienes que saber lo que estás tratando de producir antes de implementar un sistema para producirlo! Este capítulo hablará de las motivaciones de los hombres, definirá el término «discípulo» y describirá un proceso por el cual los hombres se convierten en discípulos de Jesucristo.

EL CATECISMO DE LA IGLESIA CATÓLICA describe al discípulo de esta manera: «El discípulo de Cristo no solo debe guardar la fe y vivir de ella, sino también profesarla, dar testimonio de ella con confianza y difundirla» (CIC, 1816).

En nuestra experiencia con hombres y líderes masculinos, hemos encontrado tres cosas que todos los hombres quieren:

- *algo* a lo cual dedicar su vida,
- *alguien* con quien compartirlo, y
- *un sistema personal* que ofrezca una explicación razonable de por qué las dos primeras cosas son tan difíciles.

Esto queda perfectamente ilustrado en el Eclesiastés, cuando Salomón escribe:

> «…Se da el caso de un hombre solo y sin sucesor que no tiene ni hijo ni hermano; pero no cesa de todo su duro trabajo ni sus ojos se sacian de riquezas ni se pregunta: "¿Para quién me afano yo privando a mi alma del bienestar?". También esto es vanidad y penosa tarea» (Eclesiastés 4:8).

¿QUÉ QUIEREN LOS HOMBRES?

Todos los hombres quieren algo a lo cual entregar su vida: una misión, una causa o un propósito. Todos los hombres quieren llegar al final de su vida y sentir que ha contado para algo, y que él ha sido importante. Muchos, como el hombre del Eclesiastés, encuentran esto en su trabajo. Quieren consolidar una empresa, una carrera —o al menos una cuenta bancaria—, que los demás miren con respeto y admiración. Para otros hombres, puede ser una obra de caridad, asociación de propietarios, o los logros de sus hijos.

El hilo conductor es este: los hombres quieren participar en algo más grande que ellos mismos, algo que sea significativo.

Además de algo a lo cual dar su vida, los hombres quieren a alguien con quien compartirla. John Eldredge se refiere a esto como «una belleza por ganar». Típicamente incluye el matrimonio, pero también va más allá del matrimonio. Un hombre «sin hijo ni hermano» pronto encuentra que su trabajo «no tiene sentido». En contra de la opinión popular, los hombres están hechos para las relaciones; solo que esas relaciones pueden no ser como Oprah cree que deberían ser. ¿De qué otra manera podríamos explicar la popularidad de las fraternidades, los equipos de *softball* y los bares?

Todos nosotros buscamos el sentido, la felicidad, la paz, la tranquilidad y la satisfacción. Por defecto, un hombre buscará la satisfacción principalmente en sus logros (algo a lo cual dedicar su vida) y en otras personas (alguien con quien compartirla). Pero la mayoría de los hombres también te dirán que se sienten frustrados por la dificultad de encontrar el éxito en los logros y las relaciones. La mayoría de los «sistemas» a los que recurren los hombres parecen responder a uno u otro problema: trabaja todo lo que puedas para construir una carrera exitosa, trabaja hasta tarde, acepta los grandes proyectos, viaja en cualquier momento. Pero un sistema diseñado para maximizar tu carrera socavará tu capacidad de tener relaciones significativas en tu vida. Puedes forjar un estilo de vida próspero, pero no tendrás a nadie con quien disfrutarlo.

Otra posibilidad es labrarse una vida que dependa de otras personas. ¿Has visto la serie Cheers? Todo el mundo grita «¡Norm!» cuando el adorable contador entra a su bar favorito. Pero su dedicación a los chicos del bar socava cualquier otra relación y responsabilidad en su vida.

Todo hombre tiene que decidir lo que cree que lo hará feliz. Un hombre que deposita su fe en su carrera o en sus logros pronto descubrirá que el mundo le hace constantemente la misma pregunta: «¿Qué has hecho últimamente por mí?». Si no lo hace, la fiesta se acaba. Un hombre que deposita su fe en las relaciones con los demás descubrirá que sus amigos —o incluso su mujer—, son sus mejores compañeros hasta que anteponga sus propias necesidades a las de ellos. Es una variación del mismo tema. En algún momento el hombre decidirá que necesita un nuevo trabajo, nuevos amigos o una nueva esposa. Al final dirá: «También esto es vanidad y penosa tarea».

¿QUÉ NECESITAN LOS HOMBRES?

La respuesta obvia a la pregunta «¿Qué necesitan los hombres?» es que necesitan el evangelio de Jesucristo. La fidelidad a Dios, colocándolo en primer lugar en sus vidas, es el único sistema que realmente funciona, un sistema que ayuda a los hombres a cambiar los afectos centrales de sus corazones. Como dijo San Agustín, que buscaba la satisfacción en los placeres sensuales, el honor y la ambición, en sus *Confesiones*: «Nos has hecho para ti, y nuestros corazones están inquietos hasta que descansen en ti».

En el evangelio, en el encuentro con Jesucristo, hay una relación que redefine todos los aspectos de nuestra vida dándole un nuevo sentido. Podemos llamarlo «sistema», porque llega a todos los rincones de la vida, poniendo a Jesucristo en el centro. Podemos acudir a los Evangelios para entender quién es Jesús, qué ha hecho por nosotros y cómo remodela nuestra vida.

Este proceso de ayudar a los hombres de pasar de depender de sí mismos o de otros a depender de Dios es el discipulado. Como lo muestra el modelo, es un proceso de profundización de la relación del hombre con Dios. Pero ¿qué significa exactamente ser «discípulo»?

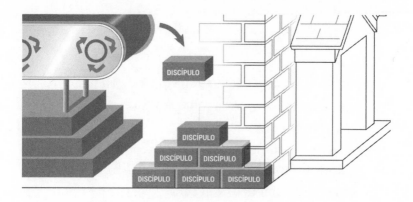

«DEFINICIÓN DE «DISCÍPULO»

En la Biblia, la palabra *discípulo* significa literalmente «alumno» o «aprendiz». Cuando se aplicó a los primeros cristianos, llegó a significar alguien que declaraba una fidelidad personal y comunitaria a las enseñanzas y a la persona de Jesús. Hoy, la vida de un discípulo gira en torno a Jesús.

Nos gustaría sugerir tres condiciones que, si se cumplen, califican a una persona para ser contada como discípulo. Estas tres condiciones deben estar presentes. Además, si se cumplen estas tres condiciones, la persona no debería decir que no es un discípulo.

En primer lugar, los discípulos católicos están llamados a caminar con Cristo, a profesarlo y a vivir su vida de las siguientes maneras:

- Viviendo plenamente los sacramentos de iniciación (bautismo y confirmación)
- Participando plena y fielmente en la misa, no solo asistiendo cada semana, sino adorando a Dios mediante la recepción de la Eucaristía
- Entendiendo que la razón por la que participamos en la

misa es para adorar a Dios con nuestro corazón, mente y cuerpo
- Haciendo uso del sacramento de la reconciliación de forma regular para obtener la gracia santificante que viene a través de Él
- Viviendo su compromiso con los votos matrimoniales para profundizar en la relación de alianza entre estos mismos, sus cónyuges y el Señor
- Manteniendo una vida de oración activa y leyendo la Biblia, dando gracias y alabando, y buscando vivir una vida como la de Cristo.

En segundo lugar, los discípulos son provistos para vivir como Cristo; están inmersos en un proceso continuo de formación para el crecimiento y la transformación espiritual.

En tercer lugar, los discípulos son enviados a trabajar para Cristo; son servidores del Señor, la sal de la tierra, la luz del mundo. Los discípulos son las manos y los pies de Dios, enviados para evangelizar el mundo entero. «Y respondiendo el Rey les dirá: "De cierto les digo que en cuanto lo hicieron a uno de estos mis hermanos más pequeños, a mí me lo hicieron"» (Mateo 25:40).

En la Última Cena, Jesús lavó los pies de los discípulos y les ordenó que hicieran lo mismo. Un discípulo católico fuerte, activo y comprometido pone todo su conocimiento intelectual y espiritual al servicio de Cristo, sirviendo y ayudando a los demás. Un hombre comprometido sirve a Dios con su tiempo, sus talentos y sus bienes.

Ante todo, un discípulo es alguien que ha creído en Jesús, en Su vida, obra, muerte y resurrección. La primera tarea al hacer discípulos es la *evangelización*: llamar a los hombres a un camino más profundo con Cristo, a una conversión más profunda. El Papa Pablo VI, en su encíclica *La evangelización en el mundo contemporáneo*, dijo: «Queremos confirmar una vez más que la tarea de evangelizar a todos los hombres constituye la misión esencial de la Iglesia».15 Pablo VI añadió:

La evangelización contendrá siempre también — como fundamento, centro y, al mismo tiempo, como cumbre de su dinamismo—, el anuncio claro de que, en Jesucristo, el Hijo de Dios hecho hombre, muerto y resucitado entre los muertos, la salvación se ofrece a todos los hombres, como un don de la gracia y la misericordia de Dios.[16]

Mucha gente que rechaza el catolicismo ve a los católicos y dice: «Si eso es lo que significa ser católico, entonces no quiero formar parte de ello». ¿No es esta una crítica demasiado peligrosa para dejarla sin respuesta? Puede hacer más daño que bien invitar a un hombre a convertirse en un católico comprometido si no tenemos un plan para ayudarlo a conocer y seguir verdaderamente a Cristo.

La segunda tarea al hacer discípulos es la *enseñanza*: formarlos para que vivan como Cristo, es decir, para que se transformen continuamente a imagen y semejanza de Cristo. For-

> ## La GRAN Idea
>
> Un discípulo es llamado a caminar con Cristo, capacitado para vivir como Cristo, y enviado a trabajar para Cristo.

mar y proveer a los cristianos es un proceso que dura toda la vida: no se detiene. Cuando no discipulamos a un hombre para que profese a Cristo con su vida, casi siempre se volverá tibio en su fe, en su actitud mundana, y en su comportamiento hipócrita. ¿Por qué formamos a los hombres para que vivan como Cristo? Para que puedan disfrutar de Cristo conociéndolo mejor, pero también «a fin de que el hombre de Dios sea perfecto, enteramente capacitado para toda buena obra» (2 Timoteo 3:16-17). Jesús oró: «Como me ha enviado el Padre, así también yo los envío a ustedes» (Juan 20:21).

Todo hombre quiere entregar su vida a una causa, marcar la diferencia, hacer algo con su vida. Cuando discipulamos a un hombre, finalmente querrá marcar esa diferencia para la gloria de Dios: «llevar mucho fruto» y hacer buenas obras «para que su fruto permanezca» (Juan 15:8, 16).

La tercera tarea al hacer discípulos es mover a los hombres hacia el *servicio*: enviar a los hombres a trabajar para Cristo, a construir Su reino y a darle gloria. Una vez que un hombre ha estado con Cristo, ha experimentado la alegría de Su gracia, el calor de Su amor, la limpieza de Su perdón y la morada de Su Espíritu, inevitablemente llega a un punto en el que ya no puede ser feliz si no está sirviendo al Señor.

CABEZA, CORAZÓN Y MANOS

Un hombre no es un discípulo maduro hasta que la verdad es entendida, creída y vivida. Utiliza las palabras clave *cabeza, corazón y manos* para recordar estos tres conceptos.

Cabeza

Los hombres deben primero entender la verdad del evangelio. Necesitan crecer en el conocimiento de su fe. «Más bien, santifiquen en su corazón a Cristo como Señor y estén siempre listos para responder a todo el que les pida razón de la esperanza que hay en ustedes, pero háganlo con mansedumbre y reverencia. Tengan buena conciencia para que, en lo que hablan mal, sean avergonzados los que se burlan de su buena manera de vivir en Cristo» (1 Pedro 3:15-16).

A veces, se hace demasiado énfasis en el conocimiento intelectual. Básicamente, todos los eventos ofrecidos por los ministerios masculinos tienen solo un enfoque de enseñanza. En este caso, se producen hombres con «cabezas grandes» pero con corazones y manos muy pequeñas.

Corazón

Los hombres necesitan tener una convicción creciente en su interior de que el evangelio es verdadero, que Dios los ama como un padre, y que pueden confiar en Él. Además del conocimiento, necesitan una conexión emocional con Cristo. Su visión del mundo necesita cambiar para que comiencen a ver las cosas desde una perspectiva piadosa.

A veces, un ministerio de hombres puede hacer demasiado énfasis en la emoción. En este caso, los hombres pueden acudir a Dios principalmente para un «arreglo» emocional. En lugar de servir a Dios con toda su vida, basan su experiencia cristiana principalmente en sus sentimientos.

Manos

Para entender realmente la verdad al nivel más profundo, hay que ponerla en práctica. Es poco probable que entendamos realmente la enseñanza de Jesús sobre los pobres hasta que no hagamos algo para ayudar a un pobre. Debemos esforzarnos siempre por dar a los hombres la oportunidad de vivir lo que están aprendiendo a través de nuestro ministerio.

Sin embargo, a veces podemos hacer demasiado énfasis en el desempeño o el deber. En este caso, los hombres definirán el cristianismo principalmente en términos de si han cumplido una serie de reglas o expectativas. Esto crea fácilmente trabajadores, no discípulos, y eventualmente aleja a los hombres de Dios y de Su gracia.

En tu ministerio a los hombres, esfuérzate por un enfoque equilibrado para que los hombres aprendan la verdad en los tres niveles.

A continuación, ¿cuáles son los métodos que puedes utilizar para formar realmente discípulos?

¿CÓMO SE HACE UN DISCÍPULO?

Liturgia eucarística

«La sagrada liturgia no agota toda la actividad de la Iglesia: debe estar precedida por la evangelización, la fe y la conversión. Luego puede producir sus frutos en la vida de los fieles: vida nueva en el Espíritu, participación en la misión de la Iglesia y servicio a su unidad». (CIC, 1072)

El corazón del culto católico es la Eucaristía. En ella aprendemos quiénes somos y quién es Dios en Jesucristo para nosotros. En una de sus presentaciones, Matthew Kelly habla de lo que la gente dice que está mal en la misa. Enumera las quejas de la gente, desde el sacerdote hasta el coro, pasando por el sistema de sonido y el aire acondicionado. ¿Su conclusión? Somos nosotros lo que está mal en la misa. Estamos llamados a participar, y no solo a asistir. Cristo está presente en Cuerpo y Sangre, Alma y Divinidad en la liturgia eucarística. Comienza dándonos la bienvenida. Nos invita a recordar nuestras faltas. Nos ofrece el perdón. Nos alimenta con Su Palabra. Ofrece Su Cuerpo y Su Sangre como alimento y bebida para nosotros. Nos envía en paz. ¿Qué más podemos pedir? Hay una semana completa de alimento e instrucción. Y está disponible en algún lugar cerca de ti cada día.

Incluso si tu horario no te permite asistir a la misa diaria, Jesús está presente en el tabernáculo de cada iglesia católica.

Reconciliación

La celebración frecuente del sacramento de la reconciliación, en el que confesamos nuestros pecados a Cristo y recibimos su perdón, nos mantiene humildes y nos ayuda a ser conscientes de la tentación del pecado que nos rodea.

Grupos pequeños

Todos los líderes importantes en el ministerio a los hombres hoy en día mencionan los grupos pequeños como la clave para el discipulado. Un hombre que conocemos leyó The Man in the Mirror y aceptó el reto de comenzar un grupo de responsabilidad. Ese grupo creció a ocho hombres y luego se dividió en cuatro grupos. Dos de los hombres se acercaron al pastor para iniciar un ministerio de hombres. Al cabo de siete años, existían otros setenta y cinco grupos con un número estimado de novecientos hombres. Los grupos pequeños son una manera dinámica de formar discípulos.

¿Qué tipos de grupos pequeños existen?
- Estudios bíblicos
- Grupos de rendición de cuentas
- Grupos de oración
- Grupos para compartir
- Grupos solo para hombres
- Grupos de parejas
- Grupos de hogar (células)
- Grupos de oficina

El cambio significativo suele producirse en el contexto de las relaciones de los grupos pequeños. Cuando los hombres cuentan sus «historias», la verdad del evangelio se hace carne y hueso. Sencillamente, ¡lo «entendemos» mejor cuando vemos el evangelio vivido en nuestras vidas!

Estudio privado

¿Tus hombres carecen de poder? Jesús dijo: «Están equivocados porque no conocen las Escrituras, ni tampoco el poder de Dios» (Mateo 22:29). Los hombres se convierten en discípulos cuando descubren a Dios en Su Palabra. Aunque los hombres pueden tener experiencias que cambien sus vidas y modifiquen su forma de relacionarse con Dios, lo más importante es que los hombres pasen tiempo leyendo y estudiando la Biblia. San Jerónimo dijo: «La ignorancia de la Escritura es la ignorancia de Cristo». ¿Has conocido alguna vez a un solo hombre cuya vida haya cambiado de manera significativa sin el estudio regular de la Palabra de Dios? Pregúntale a un hombre que tenga una relación estrecha con Cristo, y descubrirás que pasa tiempo privado rezando y leyendo la Palabra de Dios todos los días. Además de la comunión frecuente, él está convencido de que esto le ayuda a caminar cerca de Jesús.

Anima a los hombres a utilizar el tiempo de estudio privado o en grupo para memorizar versículos significativos, rezar, cantar y meditar en la Palabra de Dios. Hablamos con Dios en la oración y Dios nos habla a menudo a través de las Escrituras. La Asociación Nacional de Hombres Católicos ofrece un gran libro para memorizar las Escrituras, *The Catholic Topical Memory System: Hiding God's Word in Your Mind and Heart* (El sistema católico de memoria por temas: Escondiendo la Palabra de Dios en tu mente y corazón), de Rich Cleveland. Este libro puede ser utilizado por hombres católicos individualmente o con otros hombres en pequeños grupos.

Lectura espiritual

Tenemos la oportunidad de profundizar en la comprensión de nuestra relación con Dios y obtener una cercanía con Él leyendo las obras de hombres y mujeres que han alcanzado un nivel de comprensión al que podemos aspirar.

Los libros clásicos son un buen punto de partida, con títulos como *La imitación de Cristo*, *La nube del desconocimiento*, *Los ejercicios espirituales*, *Las confesiones*, *La ascensión al monte Carmelo*, *Las moradas*, *La historia de un alma*, y otros. Hay muchos autores más recientes que también haríamos bien en leer, como G. K. Chesterton, C. S. Lewis, San Juan Pablo II, el Papa Francisco y muchos otros. Estas personas tienen el don de inspirarnos a seguir a Jesús. Son capaces de articular una mejor comprensión de cómo actúa Dios en nuestra vida. Hay muchas oportunidades excelentes para aprender a profundizar nuestra relación con Cristo y desarrollar una espiritualidad más profunda. Dios utiliza los libros para hablar a un hombre e inspirarlo a hacer un cambio en su vida. Vemos una y otra vez que un hombre se hace a un libro, y Dios usará ese libro para hacerse con el hombre. ¡Dale un libro a un hombre!

Conferencias y seminarios

Los hombres suelen decir: «¡Vaya, esa conferencia de hombres católicos me cambió la vida!». Esto es desalentador para algunos sacerdotes. Piensan: *¡Esos oradores no les dijeron nada a mis hombres que yo no haya estado diciendo durante años!* Pero eso es como traer a alguien a predicar una misión parroquial. Si los sacerdotes locales no hubieran sentado las bases con sus homilías y enseñanzas, el terreno del corazón de los hombres no estaría preparado para recibir el mensaje de los conferenciantes.

Debates informales

Algunos de los momentos más enriquecedores de nuestra vida ocurren «pasando el rato» con compañeros. Ya sea que vayamos a almorzar, andar en bicicleta o hablar de teología con amigos, Dios a menudo orquesta momentos de enseñanza para incorporar en la vida de los demás.

Entrenamiento de liderazgo

El suegro de Pat Morley dice: «Los aficionados enseñan a los aficionados a ser aficionados». Estamos de acuerdo con esto. Si te tomas en serio lo de hacer discípulos, deberías recibir algún tipo de formación. Así como el discipulado requiere formación y aprendizaje permanente, lo mismo ocurre con el buen ministerio a los hombres.

Todas estas actividades pueden ayudar a un hombre a conocer a Cristo, pero ¿cómo le ofrecerás algo estratégico? ¿Cómo puedes asegurarte de que las actividades sean algo más que un conjunto de aros por los que un hombre salta para justificarse ante Dios? En el próximo capítulo, veremos cómo los hombres cambian y cómo Dios puede usar tu sistema para cambiar sus corazones.

- Todo hombre quiere algo a lo cual dedicar su vida, alguien con quien compartirla y un sistema que le dé una explicación razonable de por qué las dos primeras cosas son tan difíciles.
- Los hombres suelen buscar el éxito en los logros y las relaciones.
- Todo hombre necesita un sistema que le ayude a cambiar los afectos centrales de su corazón: el evangelio.
- Un discípulo es alguien llamado a caminar con Cristo, provisto para vivir como Cristo y enviado a trabajar para Cristo (ver 2 Timoteo 3:15-17).
- Hacemos discípulos evangelizando, enseñando y proporcionando oportunidades para servir.
- Un discípulo maduro entiende, cree y vive la verdad del evangelio con la cabeza, las manos y el corazón.
- Hay muchos métodos para hacer discípulos que tu parroquia probablemente ya está utilizando.
- Hacemos discípulos evangelizando, enseñando y brindando oportunidades para servir.
- Un discípulo maduro comprende, cree y vive la verdad del Evangelio con la cabeza, las manos y el corazón.
- Hay muchos métodos para hacer discípulos que probablemente su parroquia ya esté usando.

Hablen de esto...

1. ¿Cuáles son algunos ejemplos de formas en que los hombres buscan un sentido de propósito y significado? ¿De qué manera —buena o pecaminosa— buscan los hombres a «alguien» con quien compartir sus vidas?

2. ¿Cuáles son algunos de los «sistemas» que utilizan los hombres que conoces para explicar la vida? ¿Qué diferencia hay en sus vidas?

3. ¿Cómo has visto que el evangelio ha cambiado la vida espiritual de un hombre en tu parroquia o comunidad? Comparte lo que sucedió y cómo te impactó. ¿Cómo has visto que el evangelio ha cambiado tu vida?

Recen por esto...

Recen juntos como equipo de liderazgo:

- Para que los hombres de tu parroquia y comunidad acudan a Cristo para encontrar un sentido del propósito, significado y realización.

- Para que Dios atraiga los corazones, las mentes, las almas y la fortaleza de los hombres para acercarlos a Él, y les dé una visión para construir Su reino.

4

¿CÓMO CAMBIAN LOS HOMBRES? AYUDAR A LOS HOMBRES A EXPERIMENTAR LA TRANSFORMACIÓN ESPIRITUAL

En los capítulos anteriores te dimos algunas herramientas para definir qué es un discípulo. Sería natural que te preguntaras: «¿Cómo se convierte un hombre en un discípulo?». Este capítulo te ayudará a entender cómo cambia un hombre y por qué tu ministerio debe enfocarse en ayudar a los hombres a cambiar los afectos centrales de sus corazones. Puedes crear un maravilloso sistema de discipulado, pero si dejas a los hombres solos, ellos simplemente actuarán de manera automática. Presta mucha atención a este capítulo para que tu ministerio no carezca del poder de transformar verdaderamente la vida de los hombres.

UN LÍDER NOS CONTÓ la historia de «Lou», un hombre que conoció en un grupo pequeño poco después de mudarse a una parroquia. Lou y su esposa llevaban más de quince años en esa parroquia. Él había participado en varios ministerios. Tenía una esposa maravillosa; sus hijos eran activos en la parroquia. Por fuera, todo parecía maravilloso. Unos meses de estar en el pequeño grupo no sirvieron para cambiar la opinión de nadie. Lou no hablaba mucho, pero cuando lo hacía, valía la pena escucharlo.

Un día, este hombre recibió una llamada del líder del grupo pequeño de Lou. Lou había dejado a su esposa e hijos. Había tenido una aventura durante varios meses y se estaba tomando un tiempo para «averiguar lo que quería hacer». Nunca volvió. ¿Cómo puede ocurrir algo así? ¿Cómo puede un hombre sentarse en un pequeño grupo de hombres, servir en los ministerios de su iglesia, parecer el gran padre de una gran familia, y luego dejarlo todo un día?

LOS HOMBRES EN ESTADOS UNIDOS: LA LUCHA POR LA AUTOSUFICIENCIA

En Habacuc, Dios describe el ejército babilónico que amenaza a Jerusalén:

> «Será temible y terrible. De sí mismo derivará su derecho y su dignidad... Entonces su espíritu pasará y se acabará; devolverá a su dios su fuerza» (Habacuc 1:7, 11).

En otras palabras, Dios está diciendo que los babilonios son una ley para sí mismos (hacen lo que quieren), promueven su propio honor (aspiran al número uno), y su propia fortaleza es su Dios (confían en sí mismos). Esto suena como muchos hombres de hoy.

Esta es nuestra lucha fundamental. Cada momento de

cada día elegimos entre vivir con nuestra propia fortaleza y ser independientes de Dios, o depender de Dios y caminar por la fe. El sistema de este mundo está casi perfectamente diseñado para animar a nuestros hombres a confiar en sus propias fuerzas. Es fácil que nuestros proyectos y presiones se vuelvan más reales para nosotros que Jesús. En lugar de caminar por la fe, dejamos que nuestra fortaleza se convierta en nuestro dios. Entonces nos volvemos controladores, irascibles, presas del pánico, amargados, a la defensiva, orgullosos y retraídos.

El desempeño versus la fe

¿Cómo pueden los hombres tener éxito en el mundo? Rápidamente nos damos cuenta de que tenemos que vestirnos de cierta manera, tener un trabajo determinado, ganar cierta cantidad de dinero, vivir en la casa adecuada o tener una buena familia. La atención se centra en las cosas externas que podemos hacer o ver.

Así que sacamos a un hombre del sistema de este mundo y lo colocamos en una parroquia. Quiere ser un «católico exitoso». Mira a su alrededor y decide que tiene que vestirse de cierta manera, decir ciertas frases, asistir a misa cada semana, dar dinero y servir en un comité. A menudo sacamos a un hombre de una cultura orientada al desempeño (el mundo) y lo trasladamos directamente a otra (la parroquia).

En estos dos escenarios el hombre está básicamente confiando en su propia fortaleza para que sea su dios. Terminamos con hombres que se enfocan en saber si su comportamiento externo coincide con algún ideal, pero que están desconectados de un corazón de fe.

Los hombres saben cómo jugar el juego y, si se los permites, seguirán tus reglas a la perfección. El único problema es que en diez o veinte años, al igual que Lou, se darán cuenta de que sus corazones están muertos.

¿Por qué es tan importante esto?

¿Dirías que la siguiente afirmación es verdadera o falsa (opta por tu primera reacción)? «Todo hombre hace exactamente lo que quiere»?

En realidad, es una pregunta con trampa, ya que depende de cómo definas la palabra *querer.*

¿En qué sentido es falsa esta afirmación? Todos los hombres tienen buenas intenciones que no cumplen: por eso el precio de las mensualidades en los gimnasios sube en enero y baja en marzo. Y los hombres a menudo se adaptan a las expectativas de los demás en lugar de comportarse como lo harían de otra manera. El propio Pablo dijo: «Porque lo que hago no lo entiendo, pues no practico lo que quiero; al contrario, lo que aborrezco, eso hago» (Romanos 7:15).

Sin embargo, también hay un sentido profundo en el que esta afirmación es cierta. En el momento de la decisión, el hombre elige hacer una cosa en lugar de otra. Incluso cuando se enfrenta a presiones o tentaciones externas, evalúa los pros y los contras y elige lo que cree que le proporcionará la mayor felicidad. Ya sea que un hombre ceda a la lujuria y vea pornografía en Internet o ame sacrificadamente a su esposa y cuelgue las cortinas, toma decisiones basadas en su visión del mundo y sus creencias. Las acciones son el último paso de un proceso que comienza con nuestras actitudes, fe y deseos.

Pascal lo dijo de esta manera: «La felicidad es el motivo de toda acción de todo hombre, incluso de quienes se ahorcan». Jonathan Edwards dijo: «La voluntad es la mente que elige».

También Jesús deja claro que lo que hacemos sale de nuestro corazón. Él dice que « de la abundancia del corazón habla la boca» (Mateo 12:34), e indica que «el hombre bueno del buen tesoro saca cosas buenas, y el hombre malo del mal tesoro saca cosas malas» (ver Mateo 12:35).

Jesús afirma esto de manera aún más explícita en Mateo 15:18-20, cuando dice: «Pero lo que sale de la boca viene del corazón, y eso contamina al hombre. Porque del corazón salen los malos pensamientos, los homicidios, los adulterios, las inmoralidades sexuales, los robos, los falsos testimonios y las blasfemias. Estas cosas son las que contaminan al hombre». Las acciones externas de un hombre están motivadas por su visión del mundo y sus creencias.

Debemos ir más allá de la orientación enfocada al desempeño. Las acciones de un hombre acabarán reflejando lo que ocurre en su corazón. Así como no se puede tratar el cáncer poniendo una venda en la piel de un hombre, no se puede ayudar a un hombre a convertirse en discípulo enmendando su comportamiento y permitiendo que ignore su vida espiritual. *El cristianismo no consiste en modificar el comportamiento, sino en la transformación espiritual. En otras palabras, ser transformado cada vez más perfectamente a imagen y semejanza de Cristo hace que un hombre viva su vida en Cristo a través de sus acciones.*

¿Los hombres van a misa los domingos (comportamiento-hábito) o entran a la Eucaristía y, por lo tanto, se convierten en Eucaristía (conversión-renovación espiritual)? En palabras de San Juan Pablo II, en *Ecclesia de Eucharistia*:

> In La incorporación en Cristo, que se realiza por el Bautismo, se renueva y consolida constantemente por la participación en el Sacrificio Eucarístico, especialmente por esa participación plena que tiene lugar en la comunión sacramental. Podemos decir no solo que cada uno de nosotros recibe a Cristo, sino también que Cristo nos recibe a cada uno de nosotros. Él entra en amistad con nosotros: «Ustedes son mis amigos». (Juan 15:14). En efecto, gracias a Él tenemos vida:

> «El que me come también vivirá por mí» (Juan 6:57). La comunión eucarística realiza de manera sublime la «permanencia» mutua de Cristo y de cada uno de sus seguidores: «Permanezcan en mí, y yo en ustedes» (Juan 15:4).

> Por su unión con Cristo, el Pueblo de la Nueva Alianza, lejos de encerrarse en sí mismo, se convierte en un «sacramento» para la humanidad, signo e instrumento de la salvación realizada por Cristo, luz del mundo y sal de la tierra (cf. Mateo 5: 13-16), para la redención de todos. La misión de la Iglesia está en continuidad con la misión de Cristo: «Como me ha enviado el Padre, así también yo los envío a ustedes» (Juan 20:21). De la perpetuación del sacrificio de la

Cruz y de su comunión con el cuerpo y la sangre de Cristo en la Eucaristía, la Iglesia obtiene la fortaleza espiritual necesaria para llevar a cabo su misión. La Eucaristía aparece entonces como fuente y cumbre de toda evangelización, ya que su objetivo es la comunión de los hombres con Cristo y, en Él, con el Padre y el Espíritu Santo.[17]

La amistad con el Señor

Para lograr esto, no basta con seguir a Jesús y escucharlo exteriormente; es necesario también vivir con Él y como Él. Esto solo es posible en el contexto de una relación de profunda familiaridad, impregnada del calor de la confianza total. Esto es lo que ocurre entre amigos. Por eso, Jesús dijo un día:

> **La GRAN Idea**
>
> El cristianismo no consiste en modificar el comportamiento, sino en la transformación espiritual.

«Nadie tiene mayor amor que este: que uno ponga su vida por sus amigos. Ustedes son mis amigos si hacen lo que yo les mando. […] Ya no los llamo más siervos porque el siervo no sabe lo que hace su señor. Pero los he llamado amigos porque les he dado a conocer todas las cosas que oí de mi Padre» (Juan 15:13, 15).

Sin duda has conocido a hombres como Lou. Ellos aprenden a parecer como un hombre que está caminando con Cristo, pero sus corazones no están siendo transformados de adentro hacia afuera. Después de años de adaptarse a las expectativas de otras personas, llega una tentación o una crisis, y deciden hacer lo que realmente quieren hacer. Como el personaje de Bill Murray en la película Atrapado en el tiempo, finalmente dicen: «Ya no voy a vivir según sus reglas». Y así lo que estaba enterrado en sus corazones se revela cuando se alejan de Cristo.

CREANDO UN AMBIENTE QUE DIOS PUEDE USAR PARA CAMBIAR LA VIDA ESPIRITUAL DE LOS HOMBRES

¿Cómo puedes evitar que a tus hombres les ocurra lo mismo que a Lou? Muchas parroquias dependen en gran medida de la información para ayudar a los hombres a convertirse en discípulos. Los hombres necesitan conocer la verdad, pero el conocimiento intelectual no basta para cambiar un corazón. Por ejemplo, todas las personas que fuman en Estados Unidos saben que fumar provoca cáncer, y sin embargo la mayoría sigue fumando.

¿Qué tipo de cosas usa Dios típicamente para tocar el corazón de un hombre? Considera tu propia vida. ¿Cuál es una de las experiencias más conmovedoras que has tenido en los últimos meses? ¿Cuándo fue la última vez que lloraste por un motivo distinto al dolor? ¿Qué ha utilizado Dios para hacerte avanzar en tu relación con Él?

Cuando nos hacemos estas preguntas sobre lo que nos mueve, estas son algunas de las respuestas que los líderes masculinos nos han dado:

- *La oración.* Dios a menudo utiliza los momentos de oración —especialmente cuando se reza por Él—, para tocar el corazón de un hombre. Hablar con Dios y escuchar Su voz hace que los hombres se abran a ser transformados por el Espíritu Santo. Ayuda a los hombres a entrar en tiempos de oración personal y de oración entre ellos. Fácilmente, los momentos más enriquecedores son cuando los hombres comparten sus necesidades y rezan unos por otros.

- *La música.* Una vez, en un evento para hombres, una joven cantó una canción sobre un padre. Incluía un verso que hablaba de una joven que se levantó de la cama a altas horas de la noche y vio a su padre mirando pornografía en un computador. Cuando terminó de cantar, no había nadie en la sala que no hubiera llorado. Dios utilizó esa canción de una manera diferente a todo lo que se hizo durante el resto del seminario.

- *Obras de teatro/películas.* Todos nos hemos sentido conmovidos por escenas particularmente conmovedoras de películas u obras de teatro. Utiliza una obra de teatro de alta calidad para ayudar a los hombres a salir de su forma normal de pensar.

- *Los testimonios e historias.* Los hombres se conectan con las historias. Probablemente conozcas a un hombre en tu parroquia cuya historia te haya servido de gran estímulo. Ayuda a los hombres a aprender a compartir sus experiencias y ofréceles un lugar para escuchar lo que Dios está haciendo en las vidas de otras personas.

- *Las actividades.* Si eres como la mayoría de los hombres, recuerdas vívidamente una conversación que tuviste con un hombre mientras pescabas o lanzabas un balón. Dios creó a los hombres para moverse, hacer tareas y actividades. Haz que los hombres se muevan para que Dios pueda tocar sus corazones.

- *Experiencias compartidas.* Dios usa las pruebas, los desafíos y las aventuras para unir a los hombres entre sí. ¿Tu ministerio pone a los hombres en situaciones en las que pueden relacionarse y confiar entre sí? Las competencias, los proyectos de servicio, los viajes misioneros o el trabajo conjunto en un equipo ministerial para la parroquia pueden ayudar a los hombres a alcanzar un nuevo nivel de hermandad.

- *Las relaciones.* La mayor parte de lo que significa ser un discípulo no se enseña, sino que se aprende. La vida espiritual de los hombres cambia a medida que «hacen vida» junto a otros hombres. Considera tu propia vida; mucho de lo que sabes sobre ser un hombre probablemente lo aprendiste de otros hombres que te han ayudado o se han interesado por ti.

- *Los hijos.* Los hombres se emocionan con sus hijos. Encuentra maneras de conectarlos con ellos y con otros niños que necesiten ayuda. Al principio de su matrimonio, un líder del ministerio de hombres se unió a una clase de paternidad en su iglesia, la cual comenzó con una excursión familiar. Sin decirle a los miembros de la clase lo que estaba haciendo, el maestro tomó fotos de todos los niños en el evento. El domingo siguiente, el profesor se presentó en la clase con una presentación de diapositivas de los niños con la canción «Cat's in the Cradle» (una canción cuya letra advierte de las serias consecuencias que los padres sufrirán si no dan tiempo y atención a sus familias). Este hombre aún recuerda el momento más de veinte años después.

- *El servicio a los demás.* Los hombres encuentran una alegría profunda y duradera cuando salen de su zona de confort y sirven a otras personas. Y un discípulo es enviado a trabajar para Cristo. Encuentra maneras de hacer que el mayor número posible de hombres presten algún tipo de servicio significativo a personas que necesitan ver el amor de Cristo en acción.
- *Un hombre comprometido con Él.* Muchos hombres no tienen verdaderos amigos. Sin embargo, todos los hombres necesitan a alguien que realmente quiera lo mejor para ellos. Dios a menudo utiliza las relaciones para transformar la vida espiritual de un hombre.
- *Ser testigo de un sacramento.* El sacramento del matrimonio, el bautismo de sus hijos, la primera comunión de su hijo, la confirmación de su joven adulto, el perdón que siente en la reconciliación después de recibir la absolución, la ordenación de un sacerdote o diácono, y el consuelo que recibe en el sacramento de los enfermos para sí mismo o para un ser querido enfermo y sufriente: todas estas son experiencias que impactan enormemente a un hombre.

¿Estás incorporando este tipo de cosas a tu sistema de discipulado masculino? Haz un esfuerzo concertado para hacer algo más que asegurarte de que los hombres estén en las clases o grupos correctos; crea un ambiente donde Dios pueda trabajar para cambiar sus vidas espirituales.

LA VERDADERA OBEDIENCIA FLUYE
DE UN CORAZÓN DE FE

Entonces, ¿cómo se motiva a un hombre para hacer las cosas que Dios quiere que haga? No solo diciéndole lo que tiene que hacer, sino ayudándole a querer hacer lo que Dios quiere que haga.

La manipulación y la elaboración de reglas legalistas pueden hacer que un hombre se conforme por fuera durante un tiempo —incluso por décadas—. Pero el secreto de la obediencia duradera es un corazón renovado. Nuestro objetivo es ayudar a los hombres a creer las cosas correctas para que vivan de la manera correcta.

Realmente hay una sola razón por la que los hombres no construyen su vida en torno a su fe: no creen que puedan confiar realmente en Cristo. La Biblia llama a esto incredulidad. Y como todo lo que hacemos refleja lo que hay en nuestros corazones, todas las actitudes y acciones pecaminosas son el resultado de la incredulidad.

Cuando un hombre trabaja setenta horas a la semana solo para conseguir más poder y dinero, lo hace porque cree que así encontrará algo que no puede conseguir de otra manera. Cuando un hombre se involucra emocionalmente con una mujer que no es su esposa, cree que ganará algo que su esposa, o Dios, no le pueden proporcionar.

Por otro lado, cuando los hombres resisten la tentación y eligen hacer lo que está bien, a menudo están motivados por la fe. «Por la fe [Moisés] abandonó Egipto sin temer la ira del rey porque se mantuvo como quien ve al Invisible»

(Hebreos 11:27). Moisés obedeció a Dios antes que a los hombres, no solo porque así lo decidió o porque alguien se lo dijo, sino porque creyó en Dios.

Cuando trabajes con un hombre, considera estas preguntas: «¿Cómo puedo ayudar a que su fe en Dios aumente?» «¿Cómo puedo ayudarle a entender aún más que su esperanza se cumple solo en Dios?» «¿Cómo puedo ayudarle a desarrollar un amor más profundo por Jesucristo?». Una vida espiritual llena de fe, esperanza y amor conduce a una vida recta y obediente.

El fruto y la raíz

Durante unas vacaciones hace unos años, David Delk, uno de los autores del libro original, se enojó con un miembro de su familia extensa. En apariencia, el asunto parecía ser un desacuerdo sobre una decisión relacionada con los niños. Después de reflexionar y rezar sobre lo que ocurría en su vida espiritual, se dio cuenta de que su disgusto se debía a que alguien le había insinuado que había cometido un error.

Como muchos hombres, uno de los ídolos que a menudo ama más que a Cristo es la idea de su propia competencia: que es capaz de lograr cualquier cosa que intente. Por eso, cuando un miembro de su familia no estuvo de acuerdo con su decisión, David se sintió como si lo acusaran de estar equivocado con respecto a los niños. Como no podía aceptar que estaba equivocado sin aplastar a su ídolo, reaccionó con ira para proteger su ilusión de competencia.

A menudo se alienta a los hombres a lidiar con la ira respirando profundamente, contando hasta diez, y muchas otras técnicas. Pero esto solo se refiere a la superficie. La pregunta más profunda es: «¿Cómo podemos ayudar a los hombres a lidiar con la ira en sus vidas espirituales?».

Otro ejemplo: muchos de los consejos disponibles para los hombres que luchan contra la pornografía han sido puramente conductuales. Conseguir un filtro de Internet, encontrar alguien a quien rendir cuentas de su conducta, conducir a casa por un camino diferente para no pasar por el videoclub para adultos: todas ellas son cosas buenas para hacer, y necesarias si se lucha con este problema. Pero igual de importante es que le preguntemos al hombre: «¿Por qué te gusta más mirar fotos de mujeres desnudas que amar a Jesús? ¿Qué crees que vas a conseguir mirando pornografía que no puedas conseguir de Cristo?».

Como hombres, tenemos la tentación de intentar arreglar las cosas con nuestras propias fuerzas centrándonos en lo externo. Así que entramos a un grupo de rendición de cuentas, usamos un sistema de presupuesto, evitamos los lugares de tentación, y añadimos elementos a nuestros calendarios y listas de cosas por hacer. Nada de esto es malo, pero cada uno debe ser secundario. A menudo los aspectos externos se ocupan del fruto y no de la raíz.

Cuando nos enfrentamos a los problemas con los que luchan los hombres —la ira, la adicción sexual, el materialismo, la adicción al trabajo, la desconexión emocional con su esposa—, Dios nos llama a pasar de la conducta a los problemas espirituales implicados.

Recogiendo naranjas, pegando manzanas

Hay muchos naranjos en el centro de Florida. Si una persona decidiera que ya no quiere un naranjo, podría salir y recoger todas las naranjas. A continuación, podría ir a la tienda, comprar una bolsa llena de manzanas, y luego volver a casa y pegar las manzanas con cinta adhesiva por todo el árbol.

Pero ¿qué pasaría? En unas semanas, las manzanas se pudrirían. Al año siguiente, volverían las naranjas. La única manera de deshacerse para siempre de las naranjas es desenterrar el árbol de raíz.

A menudo nuestros sistemas enseñan a los hombres a «recoger naranjas y pegar manzanas». Tratan los síntomas del pecado que pueden ver, pero no llegan a la raíz de cómo su pecado brota a partir de la incredulidad. Así que aunque sean capaces de usar la fuerza de voluntad para controlar su pecado por un tiempo, eventualmente este regresa con más fuerza que nunca. Y mientras tanto, sus vidas espirituales se enfrían.

Cristo ofrece a los hombres la posibilidad de cambiar de raíz, de adentro hacia afuera. Nos llama a dejar de hacer de nuestra fortaleza nuestro dios, y a empezar a caminar con Él por la fe. Considera las palabras de Jeremías:

> «Maldito el hombre que confía en el hombre, que se apoya en lo humano y cuyo corazón se aparta del SEÑOR. Será como la retama en el Arabá; no verá cuando venga el bien, sino que morará en los pedregales del desierto, en tierra salada e inhabitable. Bendito el hombre que confía en el SEÑOR, y cuya confianza es el SEÑOR. Será como un árbol plantado junto a las aguas y que extiende sus raíces a la corriente.

No temerá cuando venga el calor, sino que sus hojas estarán verdes. En el año de sequía no se inquietará ni dejará de dar fruto». (Jeremías 17:5-8)

Cuando ayudas a los hombres a desarrollar sus raíces, encontrarás cada vez más hombres que van más allá de involucrarse en tu ministerio por aquello que pueden obtener. Tendrás hombres que querrán ayudar a otros a experimentar lo que Dios ha hecho por ellos.

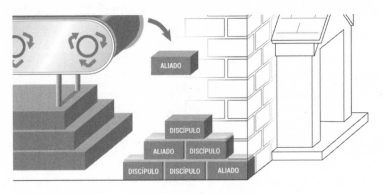

AYUDA A LOS HOMBRES A CONVERTIRSE EN ALIADOS

Muchos hombres de tu parroquia probablemente consideren el ministerio de tu iglesia como un conjunto de actividades y tareas en su mayoría no relacionadas entre sí (véase el cuadro de prioridades del portal en el siguiente capítulo). Y probablemente pases la mayor parte de tu tiempo reclutando —es decir, rogando—, a los hombres que ya están en tu iglesia para que asistan a tus eventos o actividades. Para el primer evento que hagas un anuncio, la próxima vez agrega un testimonio... ¡y tal vez la próxima vez unos paracaidistas aterricen en el prado de la iglesia al terminar la misa! Así que inviertes todo tu tiempo, dinero, creatividad y energía para hacer que los hombres que ya asisten a la misa cada semana se interesen por tu ministerio para los hombres, pero no ocurre gran cosa. Y lo haces una y otra vez, evento tras evento, año tras año. ¿Qué hay de malo en esta imagen? Estos son tus hombres comprometidos. Muchos de ellos ya deberían sentirse parte de la visión y estar entusiasmados con lo que Dios está haciendo.

¿Cómo puedes hacer un cambio? Los hombres hacen lo que quieren hacer, y querrán hacer cosas que consideren valiosas, que valgan la pena, o que sean capaces de traer felicidad. Es tu labor presentar la visión de tal manera que el Espíritu Santo pueda llamar a los hombres a un compromiso apasionado (te ayudaremos a hacer precisamente esto en el capítulo 8).

A menudo reclutamos hombres para tareas o eventos:

«¿Puedes traer las donas para nuestro próximo desayuno?».

«¿Podrías llamar a los hombres e invitarlos al retiro?».

«¿Podrías venir a nuestro almuerzo?».

Hay un problema importante: cuando reclutas hombres para que realicen tareas, tiene que «venderlos de nuevo» cada vez que hay una nueva tarea que debe realizarse o un nuevo evento al que asistir.

Más bien, comunica todo lo que hagas en términos de la visión de tu ministerio. (El capítulo 8 presentará una discusión detallada para ayudarte a definir y comunicar tu visión). Si le pides a un hombre que recoja bolsas de hielo para el asado, dile: «Tom, estamos tratando de alcanzar a todos los hombres de nuestra comunidad parroquial para Cristo y ayudarles a unirse a nuestra banda de hermanos. Por eso estamos haciendo este asado. ¿Considerarías traer el hielo para ayudarnos a llegar a estos hombres y convertirnos en una banda de hermanos?». Solo se necesitan treinta segundos más para lanzar la visión, y al mismo tiempo conseguirás el hielo.

La visión le entrará por un oído y le saldrá por el otro a diecinueve de cada veinte hombres. Pero la recompensa está en ese hombre. Cuando un hombre acepta la visión y se convierte en un aliado, no hay que «venderle» cada actividad o ministerio por separado. Cada «tarea» se convierte en una oportunidad para que él defienda una causa en la que ya cree y sea un discípulo «enviado a trabajar para Cristo».

Un aliado es un hombre que se alinea con la visión que Dios ha dado a los hombres de su parroquia. Está dispuesto a sacrificarse y a trabajar para que esa visión se haga realidad. Puede o no servir formalmente en el equipo de liderazgo, pero está convencido de que discipular a los hombres es una causa por la que vale la pena dar su vida. No tiene que rogarle a un aliado que se involucre. Él está agradecido por las oportunidades de promover su ministerio en las vidas de otros hombres.

Hay tres esferas de ministerio para los hombres en tu parroquia (ver Figura 1). Muchos líderes del ministerio de hombres se enfocan solo en el número total de hombres involucrados en sus ministerios. Por ejemplo: «Cuarenta fueron al retiro, veintisiete vinieron al desayuno, y diecinueve están involucrados en grupos pequeños». Estas son grandes cosas que hay que saber, pero también hay que centrarse en cuántos hombres son aliados en la visión. Aumenta el número de aliados cada año y es casi seguro que tendrás un ministerio de hombres vibrante y sostenible. Si este círculo interno deja de crecer, ¡cuidado!

FIGURA 1

Tres esferas del ministerio para los hombres en tu parroquia
1. El número de los hombres que son aliados con tu visión
y con lo que está haciendo Dios
2. El número de hombres que participan en tus actividades exclusivas
para hombres: retiros, grupos pequeños, proyectos ministeriales, etc.
3. Todos los hombres que tienen algún contacto con tu parroquia

Por eso es tan importante que un equipo de liderazgo no se llene de obreros, sino que esté orando, elaborando estrategias, reclutando y compartiendo la visión con otros hombres. Los líderes se agotan, sus situaciones de vida cambian y siguen adelante. La manera en que puedes mantener el ministerio es construyendo continuamente más y más aliados dentro de tu parroquia.

Como ya hemos dicho, los hombres buscan dar su vida a algo. Sé testigo de su compromiso con el golf, la caza, el fútbol universitario, sus aficiones y videojuegos. Tenemos que elevar el llamado de Cristo de una manera convincente. Dios utilizará nuestros esfuerzos para atraer a los hombres hacia él.

Crea un ambiente en el que el Espíritu Santo pueda mostrar a los hombres las actitudes y creencias de sus corazones. No permitas que los hombres se sientan conformes, y más bien llámalos a una auténtica relación espiritual con Cristo. Dios usará tu ministerio no solo para producir discípulos, sino aliados en la gran aventura de ver Su reino hacerse realidad en este mundo.

A medida que Dios cría aliados para tu ministerio, asegúrate de saber lo que harás realmente para discipular a los hombres. En el próximo capítulo, te ayudaremos a entender cómo se orienta tu parroquia en torno a la prioridad del discipulado.

Recuerden esto...

- Cada día elegimos si vivir gracias a nuestra propia fortaleza y ser independientes de Dios, o depender de Dios y caminar por la fe.

- Los hombres saben cómo jugar el juego. Si se lo permites, seguirán sus reglas a la perfección. Pero en diez o veinte años, se darán cuenta de que sus vidas espirituales están muertas.

- Con cada decisión, un hombre está eligiendo una cosa en lugar de otra. Él hace sus elecciones basándose en su visión del mundo y sus creencias.

- Las reglas legalistas solo pueden hacer que un hombre se conforme por fuera durante un tiempo. El secreto de una obediencia duradera es un corazón renovado. Cristo ofrece a los hombres la oportunidad de cambiar desde la raíz, de adentro hacia afuera.

- Utiliza métodos que toquen el corazón de los hombres: oración, música, teatro, películas, testimonios, historias, relaciones y experiencias compartidas.

- Un aliado es un hombre que se alinea con la visión que Dios ha dado a los hombres de tu parroquia. Él está dispuesto a sacrificarse y a trabajar para que esa visión se haga realidad.

- Una de las claves de la sostenibilidad es asegurarte de aumentar el número de aliados.

Hablen de esto...

1. ¿Por qué un hombre parece estar bien por fuera, y luego un día simplemente se aleja de su familia o de su fe? La mayoría de nosotros ha conocido a un hombre que ha hecho esto. ¿Cuáles fueron las circunstancias?
2. Piensa en un cambio importante en tu propia vida: dejar de fumar, perder peso, etc. ¿Qué te llevó a tomar la decisión de cambiar? ¿Cómo se relaciona esto con un hombre que toma la decisión de permitir que Dios cambie su corazón?
3. Piensa en un momento en que tuviste una experiencia conmovedora con Cristo (retiro, conferencia de hombres, etc.). ¿Cómo fue? ¿Qué cambio duradero produjo en tu vida?

Recen por esto...

Recen juntos como equipo de liderazgo:

*   Para que los hombres de tu iglesia que son como «Lou» dejen de actuar en automático y comiencen a buscar una relación auténtica con Cristo.
*   Para que Dios les ayude a ustedes como líderes a vivir una fe auténtica y vibrante en Jesucristo.
*   Para que Dios les ayude a crear un ambiente que Él pueda usar para tocar las vidas espirituales de los hombres.

SEGUNDA PARTE

LOS CIMIENTOS DE TU MINISTERIO A LOS HOMBRES

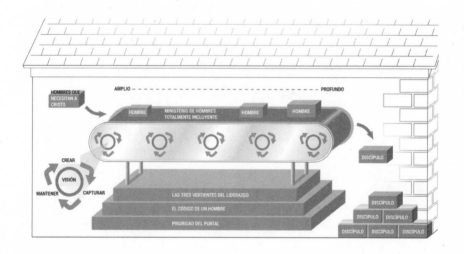

5

LA PRIORIDAD PORTAL Y EL CÓDIGO PARA HOMBRES

Para construir un ministerio sostenible para los hombres, necesitarás una base sólida. Comienza con tu enfoque. Sí, los hombres necesitan ser padres piadosos, esposos afectuosos, buenos administradores y líderes servidores. Pero ¿cuál es el tema central? ¿Y cómo podemos comunicarlo a los hombres para que se sientan valorados e inspirados? Establecer los fundamentos adecuados puede ayudar a los hombres no comprometidos a conectarse con el ministerio de tu parroquia.

LA ESCRITURA NOS DICE: «Por tanto, vayan y hagan discípulos de todas las naciones, bautizándolos en el nombre del Padre, del Hijo y del Espíritu Santo» (Mateo 28:19). A veces se confunde esto con «Por tanto, vayan y hagan obreros... bautizándolos en el nombre del Padre y del Hijo y del Espíritu Santo».

Jesús no llama a las parroquias a hacer «obreros» sino «discípulos». El propósito del ministerio con los hombres, entonces, es hacer discípulos, no obreros. A los hombres no les gusta que les hagan marchar a la fuerza. Los verdaderos discípulos se convierten en obreros por el desbordamiento de su creciente relación con Jesucristo. Sus vidas espirituales arden por amar a Dios, amar al prójimo, y al poner en acción lo que hacen por amor a Dios.

Sin embargo, la Biblia nos llama a «rezar» por los obreros: «Entonces dijo a sus discípulos: "A la verdad, la mies es mucha, pero los obreros son pocos. Rueguen, pues, al Señor de la mies, que envíe obreros a su mies"» (Mateo 9:37-38).

Con demasiada frecuencia tratamos de «hacer obreros y orar por los discípulos». Establecemos la agenda de nuestro ministerio y luego molestamos a los hombres hasta que se involucren. Nos aseguramos de tener todas las plazas de obreros ocupadas y luego rezamos para que, de alguna manera, alguien se convierta en un discípulo, en un hombre católico fuertemente activo y comprometido.

> Desde el principio, Jesús asoció a sus discípulos con su propia vida, les reveló el misterio del rey y los hizo partícipes de su misión, su alegría y sus sufrimientos. Jesús habló de una comunión aún más íntima entre Él y los que lo seguirían: «Permanezcan en mí, y yo en ustedes. [...] Yo soy la vid, ustedes las ramas» (Juan 15:4-6). Y proclamó una comunión misteriosa y real entre su propio cuerpo y el nuestro: «El que come mi carne y bebe mi sangre permanece en mí, y yo en él». (CIC, 787)

Esto solo sucede cuando los hombres son continuamente llamados, provistos y enviados en la gracia que Dios nos da a través de los sacramentos.

Esta es una idea clave: si tu parroquia y tu ministerio a los hombres se centran en hacer que los hombres trabajen en lugar de hacer discípulos, se quemarán. Perderás toda tu fuerza.

Más bien, concéntrate en hacer discípulos y luego reza para que Dios levante obreros para Su reino.

UNA PARÁBOLA

Imagínate que eres el presidente de un bufete de abogados de cien personas. Durante años has contratado a abogados, pero luego los has dejado solos. Sin orientación ni formación, han hecho más daño que bien. Los casos no resueltos se han acumulado, otros bufetes consideran que tu empresa es una vergüenza, y el público piensa que eres incompetente.

Supongamos que vas a tu junta directiva y pides que se contraten otros veinte abogados. Te dirían: «¿Estás loco? No has formado a los abogados que tenemos. ¿Por qué íbamos a dejarte contratar más? Tenemos una reputación terrible. De hecho, varios jóvenes que hicieron prácticas con nosotros han dejado de ejercer la abogacía. Estás despedido».

Un bufete que no produce abogados capaces no es un gran bufete. Entonces, ¿qué significa esto para un bufete que no produce discípulos?

EL DISCIPULADO COMO PRIORIDAD «PORTAL»

Jesús dijo: «Vayan y hagan discípulos». Es interesante, porque podría haber dicho cualquier cosa. No dijo: «Vayan y hagan adoradores». No dijo: «Vayan y hagan obreros». Tampoco dijo: «Vayan y hagan buenos administradores». ¿Está Jesús interesado en adoradores, trabajadores y administradores? Por supuesto. Pero Él sabía que no conseguiríamos adoradores haciendo obreros, etc. Conseguimos adoradores, trabajadores y buenos administradores haciendo discípulos. Si un hombre vive este versículo, «Amarás al Señor tu Dios con todo tu corazón, con toda tu alma, con todas tus fuerzas y con toda tu mente; y a tu prójimo como a ti mismo» (Lucas 10:27), es un discípulo.

Supongamos que una nueva familia asiste a tu parroquia desde hace tres meses. ¿Qué pensarán que es la primera prioridad —la idea organizadora— de tu parroquia? Una semana escucharon una homilía sobre la prioridad del culto. La semana siguiente escucharon que deben ser buenos administradores de los dones de Dios. La semana siguiente escucharon que los católicos más comprometidos van a viajes misioneros. La semana siguiente se les pidió durante la misa que participaran en el programa de ministerio social y en la formación de evangelización. A la semana siguiente, en el pequeño grupo al que se unieron, se enteraron de las necesidades apremiantes del centro de embarazos en crisis. En un seminario de fin de semana se hizo mucho hincapié en la importancia del estudio y las devociones privadas. Si fueras una familia nueva, ¿qué

	Predicar	Enseñar	Literatura católica	
Formación para el liderazgo	Familias piadosas	Servicio/ Misiones	Adoración	Estudios bíblicos
	Compañerismo	Discipulado	Evangelismo	Estudios privados
Discusiones informales	Administración	Justicia social	Vocación	
	Seminarios	Tutorías	Pequeños grupos	

FIGURA 2

Prioridades y actividades eclesiásticas no diferenciadas
(tal y como las percibe un nuevo feligrés)

pensarías? Podría parecer una mancha indiferenciada de actividades inconexas, como en la figura 2.

Al observar esta colección de conceptos, resulta útil organizarlos en dos conjuntos: métodos y resultados. Los elementos del medio —familias piadosas, servicio/misiones, culto, compañerismo, discipulado, evangelización, administración, justicia social y vocación—, representan los resultados que la mayoría de las parroquias intentan alcanzar. Tu parroquia puede tener más o menos elementos en la lista, pero esta es una buena muestra de lo que la mayoría de las parroquias quieren que sus miembros entiendan y vivan.

Y, sin embargo, son demasiadas áreas en las que centrarse. Debe haber un principio organizador que ayude a la gente a entender, creer y vivir estos objetivos. Ese principio es el discipulado.

El discipulado es la *prioridad portal* a través del cual se pueden lograr todas las demás prioridades de una parroquia. Solo al pasar por el portal del discipulado, las personas pueden influir verdaderamente en su parroquia y la parroquia puede influir en ellas.

Por ejemplo, ¿cómo puede un hombre adorar a un Dios que no conoce? ¿Por qué querría un hombre compartir su fe si no entiende la Gran Comisión? ¿Cómo podría un hombre ser un buen administrador si no entendiera y creyera que todo lo que tiene es un regalo de Dios: su tiempo, su talento y sus tesoros? A medida que discipulamos las vidas espirituales de los hombres, ellos comienzan a vivir a partir del desbordamiento de su relación con Cristo. Por lo tanto, podemos organizar estos esfuerzos poniendo el discipulado en el centro y dibujando flechas hacia cada una de nuestras otras prioridades de esta manera:

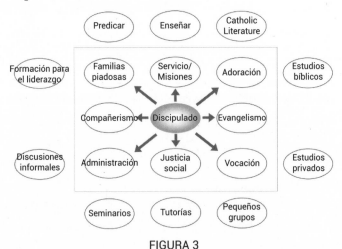

FIGURA 3

Resultados deseados de la parroquia,
organizados en torno al discipulado como prioridad portal

¿Cómo puede una parroquia implementar el discipulado como prioridad portal? Los elementos alrededor de la parte exterior de la Figura 4 representan las actividades, o métodos, que una parroquia realiza para ayudar a formar discípulos católicos fuertes, activos y comprometidos.

Recuerda que estas actividades no son fines en sí mismas, sino que se centran en ayudar a las personas a aprender o vivir lo que significa ser un discípulo católico fuerte, activo y comprometido. La figura 4 lo ilustra: todas las actividades externas conducen al discipulado en el centro. Ahora tenemos una imagen clara del discipulado como la prioridad portal por la cual se pueden lograr todas las demás metas de la parroquia. Por ejemplo, no predicamos para hacer adoradores, sino que predicamos para ayudar al hombre a ver a Dios de manera que no pueda evitar adorar.

Para verlo de otra manera, reorganiza los *métodos* y los *resultados* en dos listas, con los métodos del discipulado a la izquierda, y los resultados del discipulado a la derecha.

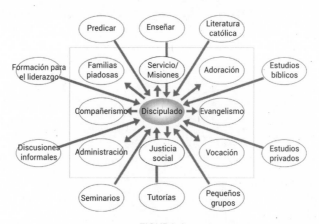

FIGURA 4

Métodos para hacer discípulos con el fin de lograr otras prioridades y metas de la parroquia
Para verlo de otra manera, reorganiza los métodos y los resultados en dos listas, con los métodos del discipulado a la izquierda, y los resultados del discipulado a la derecha.

ADMINISTRADORES VERSUS DONANTES

¿Qué medidas podría tomar una parroquia para apoyar financieramente sus crecientes ministerios? En primer lugar, el pastor podría predicar sobre la responsabilidad de los feligreses de ser buenos administradores de su tiempo, talento y tesoros. El consejo parroquial o el comité de administración podrían hacer una presentación explicando las finanzas de la parroquia y podrían recomendar libros que los líderes de los ministerios parroquiales podrían regalar a todos los grupos pequeños. Se podrían colocar anuncios en el boletín con algunas referencias bíblicas aquí y allá. El comité de finanzas podría organizar un seminario de planificación financiera para la parroquia. Pero si estás predicando, enseñando, leyendo y anunciando solo para conseguir que la gente que asiste a la parroquia dé dinero, tienes una orientación de desempeño. Su gráfico se parecería a la figura 5.

Lo que falta aquí es el discipulado. No estás creando administradores; estás creando donantes. Entonces, ¿qué significa discipular a los hombres para que sean buenos administradores?

FIGURA 5

Una orientación al desempeño

En primer lugar, predicaríamos, enseñaríamos, etc., para no culpar ni obligar a los hombres a dar para poder cumplir con el presupuesto. En Marcos 12:30-31, Jesús responde a la pregunta «¿Cuál es el mandamiento más importante?» diciendo: «Amarás al Señor tu Dios con todo tu corazón, con toda tu alma, con toda tu mente y con todas tus fuerzas. El segundo es este: Amarás a tu prójimo como a ti mismo. No hay mandamiento más importante que estos dos».

En el capítulo 3, describimos a un discípulo católico comprometido y fuerte como «llamado, provisto y enviado». Un hombre que ha respondido al llamado de entregar su vida a Cristo y está provisto como un discípulo católico comprometido, fuerte y activo para conocer a Dios, estará motivado para amar a Dios y a su prójimo. Ese hombre responderá a una necesidad cuando se le presente, no por culpa u obligación, sino por el desbordamiento de su relación con Cristo.

Si ayudas a un hombre a amar a Dios con todo su corazón, su mente, su alma y sus fuerzas, y a amar a su prójimo, ¿qué tipo de respuesta obtendrás de él cuando le enseñes sobre la administración? ¿Cuando le cuentes sobre una necesidad dentro del cuerpo? No tendrás que decirle lo que tiene que hacer o acosarlo; responderá desde el desbordamiento de su relación con Dios, como se muestra en la figura 6.

Hacer del discipulado la prioridad principal de nuestras parroquias es la respuesta a lo que nos aflige. Consideremos nuestros numerosos problemas sistémicos: divorcio, falta de padres, madres solteras, drogas, alcoholismo, pornografía, aborto, crimen, suicidios, pobreza, absentismo escolar, engaño, falta de respeto a la autoridad. Todos necesitan atención. Sin embargo, por debajo de todo, está la necesidad de una renovación del discipulado en la Iglesia Católica. ¿Qué actividad tendría el mayor impacto en todos estos problemas dentro de veinte años? La formación de los hombres como discípulos hoy.

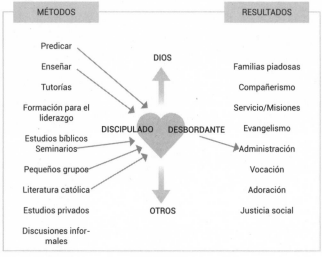

FIGURA 6
Servir a Dios y a los demás
con un corazón desbordante

UN CÓDIGO PARA HOMBRES

Cuando haces de la formación de los hombres como discípulos tu prioridad, los hombres lo notarán. De hecho, ellos ya están notando mucho más de lo que crees en tu parroquia.

Rápido... en una frase u oración, ¿cuál es el código de vestimenta en tu parroquia? Con solo uno o dos segundos de reflexión, probablemente se te ocurra una descripción de cómo se viste la gente: informal de negocios; traje y corbata; botas vaqueras y jeans.

Un grupo de Hawaii dijo «pantalones cortos y correas». (Querían decir sandalias).

¿Cómo saben esto los hombres? ¿Hay un cartel delante de la iglesia que diga: «Se requiere camisa y corbata»? ¿Hay un policía de la moda en la puerta que solo deja entrar a los que están bien vestidos? Por supuesto que no. Los hombres son inteligentes. No tardan más de una semana en saber qué ponerse.

Así como tu parroquia tiene un código de vestimenta tácito —pero conocido—, también tiene un «código para hombres» tácito. El código para hombres es el ambiente que tu parroquia crea para ellos. A las pocas semanas de llegar a la parroquia por primera vez, un hombre entiende lo que significa ser un hombre en esta parroquia. Al igual que con el código de vestimenta, esta impresión no se declara explícitamente. Los hombres se impregnan del ambiente que los rodea.

MENSAJES QUE TU PARROQUIA ENVÍA A LOS HOMBRES

¿Qué impresión da tu parroquia sobre la importancia de los hombres? ¿Cómo completarías esta afirmación? ¿«Los hombres están aquí»? ¿«Importantes»? ¿«Tolerados»? ¿«Necesitados? ¿«Líderes»? ¿«Se supone que hacen el trabajo duro pero les dejan a las mujeres la tarea de pensar»?

Estas son algunas de las respuestas que hemos recibido de los líderes de la iglesia que han asistido a los cursos de formación de líderes. Un hombre dijo que su código para hombres era: «Si quieres que tu mujer e hijos vayan a la iglesia, tráelos aquí». Otro dijo: «Se buscan hombres exitosos aquí». Otro dijo: «Si crees que estás cansado ahora, ven a nuestra iglesia y te mostraremos lo que es realmente el cansancio». Por último, un hombre dijo que su código para hombres era simplemente «Hola». Obviamente, también hemos tenido muchas declaraciones positivas de código para hombres.

¿Y en tu parroquia? Imagina que un hombre nuevo va a misa tres o cuatro veces. En una frase u oración, ¿cómo resumiría él honestamente lo que piensa que significa ser un hombre en tu parroquia? Considera esta pregunta cuidadosamente y luego escribe tu código para hombres en las líneas siguientes.

La GRAN Idea

En pocas semanas, un hombre entiende lo que significa ser un hombre en tu parroquia.

Dado que no es algo que se declare explícitamente, ¿cómo se explican los hombres el «código para hombres» de tu parroquia?

Se han escrito libros enteros sobre este tema, incluyendo *Why Men Hate Going to Church*

(Por qué los hombres odian ir a la iglesia), de David Murrow (Thomas Nelson, 2005). El autor señala que cada iglesia tiene un «termostato». Desgraciadamente, el termostato de muchas iglesias está ajustado al «confort». Los hombres, dice Murrow, necesitan un termostato ajustado al «desafío». El trabajo del pastor es consolar a los afligidos y afligir a los confortables. Los hombres necesitan ser «afligidos» fuera de su zona de confort.

Las siguientes son otras formas en que los hombres aprenden a reconocer el código para hombres a partir del entorno que crean sus parroquias.

Impresiones a partir de los líderes

Los hombres se fijan en los líderes. Los hombres siguen a los líderes fuertes. Les gusta saber que sus líderes están seguros de hacia dónde van y de lo que dicen. No se trata de amedrentar ni de obedecer ciegamente, sino de un acto de confianza. Si un hombre no cree en los líderes, no puede seguir la visión.

Esto es particularmente importante para los hombres que son jóvenes o nuevos en tu parroquia. Cuando presentas a un líder como estándar de un hombre cristiano maduro, ¿parece aburrido, cansado y medio muerto? ¿O parece vibrante, entusiasmado y bien hablado (independientemente de la edad)? Los hombres deberían ser capaces de mirar a los líderes visibles de la parroquia y decir: «Yo quiero ser así».

Impresiones a partir de la música

Los hombres escuchan la música. Mientras que la música contemporánea puede conectar estilísticamente con las nuevas generaciones, algunos de esos coros de alabanza no son exactamente «amigables para los hombres». Los hombres resuenan con las canciones que hablan del desafío, la aventura y la batalla de seguir a Cristo y ver cómo su rey se hace realidad. Tienden a conectar menos con las canciones que piden a Jesús que «me estreche en Sus brazos».

Impresiones a partir del boletín

Los hombres leen el boletín. Si el boletín de tu parroquia tiene una sección para eventos del ministerio femenino, ¿tiene también una sección con información para hombres? Si no es así, ¿qué mensaje envía eso? Más importante que la cantidad de espacio que el boletín dedica a los hombres, es cómo se comunica con la gente en general. Si tu boletín contiene artículos, piensa en añadir un artículo para hombres de vez en cuando.

Asegúrate de que el boletín haga declaraciones fuertes sobre lo que Dios está haciendo a través de los hombres en tu parroquia. «Estudio bíblico para hombres, miércoles por la noche, sala 202, 7:30 p. m.», no es apto para la mayoría de los hombres. ¿Qué tal «Jesús disruptivo: Un estudio bíblico para hombres? Ven a aprender cómo Jesús desafió la norma, y cómo puede tener un impacto radical en tu vida y en nuestra comunidad. ¿Únete a nosotros el miércoles por la noche a las 7:30 p. m. en la sala 202»? Ahora, eso es un estudio bíblico que tiene la oportunidad de captar la atención de los hombres.

Impresiones a partir del sacerdote

Ellos escuchan al sacerdote. Los sacerdotes, por supuesto, tienen un tremendo impacto en cómo los hombres son vistos en la parroquia. ¿El sacerdote se dirige directamente a los hombres en cada homilía? Dice: «¿Hombres, esto es lo que significa para nosotros...»? Eso envía un mensaje claro de que los hombres son importantes en sus parroquias.

Impresiones a partir del entorno

Ellos se fijan en la decoración. Realmente... los hombres se fijan en el entorno y captan tu mensaje. Las ventanas de color malva, el papel pintado con flores, los colores pastel... todo ello puede transmitir el mensaje a los hombres: «Hemos diseñado este espacio para que nuestras mujeres estén lo más cómodas posible».

¡Incluye algunos chicos en el comité de decoración! Deberías luchar por hacer que el ambiente físico de tu iglesia sea amigable para los hombres.

Impresiones a partir del nivel de calidad

Ellos buscan la calidad. Los hombres son extremadamente sensibles en este tema. Si bien es cierto que tiene que haber momentos en los que el coro de niños cante desafinado a trece voces, el coro de la iglesia no debería hacerlo. A los hombres no les parece bien que los miembros del grupo de teatro «se esfuercen mucho» pero olviden sus líneas. La cal-

---

PREGUNTAS Y RESPUESTAS

¿«Amigable con los hombres» significa estar en contra de las mujeres?

La mayoría de las mujeres que hemos conocido harían lo que fuera para llevar a sus maridos o a sus hijos a la iglesia. Las mujeres creerán en este concepto de hacer que la iglesia sea «amigable para los hombres» cuando se les muestre que eso les dará lo que quieren: que los hombres en sus vidas crezcan en su fe.

idad se extiende a los folletos que se entregan a los hombres, a los eventos que se organizan para ellos, a los materiales que se utilizan en los grupos pequeños e incluso a la página web de la parroquia.

Los hombres de hoy en día se han convertido en consumidores inteligentes, y están rodeados de un marketing sofisticado y de alta calidad todo el tiempo. Aunque no puedes esperar competir con Madison Avenue, los hombres pueden distinguir cuando hay un esfuerzo sincero por ofrecer calidad. Si lo pensamos bien, el mensaje que transmitimos merece nuestros mejores esfuerzos.

Impresiones a partir del uso del humor

Ellos escuchan en busca del humor. Para un evento del ministerio de hombres, una iglesia invitó a los hombres llamándolo «reunión obligatoria para todos los hombres de la parroquia (a menos que tengas un problema con la autoridad, en cuyo caso, ¡no puedes venir!)». Cuando los hombres ven que no todo tiene que ser «primoroso y apropiado» (traducción: aburrido), tienen la sensación de que su parroquia es un lugar donde pueden encajar.

En una clase de Formación de Líderes, un pastor respondió a las bromas entre los miembros del profesorado —que suelen ser juguetones y bromistas—, y exclamó: «¡Nunca me había dado cuenta de que el cristianismo podía ser divertido!».

Una nota de advertencia, sin embargo: el humor a costa de los hombres envía el mensaje equivocado. No hagas que los hombres —o un hombre individual— parezcan estúpidos para reírse, especialmente si están en compañía mixta. Nunca contarías chistes racistas o sexistas, así que ten cuidado con los chistes de «hombres estúpidos».

Impresiones a partir de la visión de la Iglesia

Ellos escuchan la visión. Los hombres quieren creer que Dios está haciendo algo a través de tu parroquia. Quieren formar parte de una parroquia que va a llegar a alguna parte. Quieren saber que ser un hombre en tu parroquia es importante. Refuerza la visión de tus hombres tan a menudo como puedas, de manera que resuene en ellos.

LOS CIMIENTOS DE TU MINISTERIO

Has comenzado a construir una base sólida para tu ministerio masculino. Una filosofía del ministerio que dice que el discipulado es tu prioridad principal pone primero lo primero, y te anima a centrarte siempre en formar a los hombres como discípulos en lugar de corregir su comportamiento. Asegurarse de que tu código para hombres haga que ellos se sientan bienvenidos aumenta la probabilidad de que se queden lo suficiente para que tu ministerio haga un impacto en sus vidas.

En el próximo capítulo explicaremos cómo el liderazgo forma la última capa de tus cimientos.

Recuerden esto...

- Jesús dijo: «Vayan y hagan discípulos». Pudo haber escogido cualquier cosa: por ejemplo, obreros, adoradores, o diezmadores. Pero escogió discípulos.
- El discipulado es el portal a través del cual podemos lograr todas las prioridades de la parroquia.
- Cuando el discipulado no es la prioridad portal, a menudo acabamos centrándonos en el comportamiento de los hombres más que en su vida espiritual.
- Cuando discipulamos a los hombres para que amen a Dios y a su prójimo, vivirán de manera que reflejen este amor.
- Cada parroquia tiene un código para hombres tácito —aunque bien conocido—, una impresión que da sobre lo que significa ser un hombre en esta parroquia.
- Hay muchas señales que los hombres captan para desarrollar esta impresión: los líderes, la música, el boletín, el sacerdote, la decoración, la calidad y la visión. El humor oportuno también ayuda.

Hablen de esto...

1. ¿Se corresponden los ocho resultados mostrados en la figura 3 con las prioridades de tu parroquia? ¿Qué añadirías o suprimirías?

2. ¿Cómo construye tu parroquia discípulos católicos fuertes, activos y comprometidos? ¿Emplea todos los métodos que aparecen en el exterior del recuadro de la figura 4? ¿Qué añadirías o suprimirías?

3. 3. Elige una actividad que estés realizando para los hombres en este momento. ¿Esta actividad se centra en la vida espiritual de los hombres o en su comportamiento? ¿Cómo la ajustarías para que se centre más en el discipulado?

4. ¿Crees que tu parroquia tiene un ambiente favorable a los hombres? ¿Qué hace tu parroquia para que los hombres, especialmente los nuevos, se sientan incómodos?

5. ¿Cómo podrías mejorar tu ambiente sin que las mujeres se sientan incómodas? Haz una lluvia de ideas utilizando la lista que se ofrece al final de este capítulo.

Recen por esto...

Recen juntos como equipo de liderazgo para:

- Que Dios te ayude a enfocar tus esfuerzos ministeriales para discipular a los hombres en una relación correcta con Él.
- Para que los hombres de tu parroquia —y tu equipo de liderazgo—, vivan desde el desbordamiento de su relación con Él.
- Que Dios te ayude a proporcionar un ambiente acogedor y atractivo para los hombres.
- Que Dios continúe ayudando a tu equipo de liderazgo a crecer como un grupo de hermanos, dedicados a formar a los hombres como discípulos de adentro hacia afuera.

6

LAS TRES VERTIENTES DEL LIDERAZGO

A Bill Bright, fundador de Cru, le gustaba decir: «Todo se reduce al liderazgo». Nosotros le creemos. Nuestras experiencias con parroquias que están formando hombres como discípulos así lo confirman. Tu ministerio con los hombres será un reflejo de los líderes que Dios levante en tu parroquia. Este capítulo te ayudará a reunir y formar líderes para mantener un ministerio vibrante con los hombres en tu parroquia.

SI VISITAS Amazon.com y escribes «liderazgo» en la casilla de búsqueda, encontrarás más de 18.500 libros disponibles. ¿Por qué hay tantos títulos? Tal vez porque todo el mundo reconoce la importancia de los líderes. O tal vez porque nadie parece ser capaz de hacerlo bien, por lo que siguen comprando más libros sobre el tema.

Puede que este libro no aparezca en la lista de «liderazgo» de las librerías, pero no te equivoques: el liderazgo es la base de un ministerio eficaz para hacer discípulos. Nada de lo que hagas marcará una diferencia a largo plazo sin un liderazgo eficaz. Sin líderes comprometidos e involucrados, todo se desmorona. El liderazgo concibe, enfoca, organiza, comunica, anima, equipa, persevera y celebra. Un ministerio construido sobre cualquier otro cimiento simplemente no funcionará.

CIMIENTOS PARA EL MINISTERIO MASCULINO QUE NO FUNCIONAN

Algunos líderes han tratado de construir su ministerio de hombres sobre la base de la emoción. La lectura de las estadísticas que presentamos al principio de este libro puede energizar a un líder a querer hacer la diferencia. Pero la emoción no es la fe. La emoción solo le producirá una o dos decepciones, y en el ministerio de hombres no se necesita mucho tiempo para experimentar muchas decepciones. Además, la pasión puede desanimar a los hombres cuando no se expresa de forma saludable. Puede parecer un poco raro. Y nadie quiere seguir a los raros.

Algunas parroquias tratan de construir su ministerio sobre la base de la obligación. Encuentran a unos cuantos hombres bien hablados que se presentan a todas las cosas y luego los convencen de que el ministerio masculino es muy importante. Un poco de culpa funciona bien aquí. Recuerda a los líderes potenciales que Dios nos llama a todos a servir al reino y que tú conoces el lugar justo para ellos. Tu plan para los hombres de tu parroquia y comunidad es sencillo: solo tienen que entender lo que la Iglesia enseña y luego hacerlo. Asistir a la misa fielmente, ir a los eventos para hombres, ayudar en los días de trabajo y criar hijos bien educados.

Aunque parezca una locura, muchos ministerios para hombres están construidos sobre la base de un hombre un poco entusiasta que quiere decirles a todos los demás lo que tienen que hacer. Si ese es tu caso, ¡por favor, deja de hacerlo!

UNA PALABRA DE ADVERTENCIA

¿Cuánto tiempo les toma a los líderes implementar un programa exitoso de ministeriode hombres? Mucho tiempo. Incluso Google, posiblemente una de las historias de éxito más rápidas de la historia de las empresas, tardó más de cuatro años en ponerse en marcha. Realmente no hay atajos. Un «atajo» tarda años en desarrollarse.

La investigación académica indica que, como regla general, alrededor de dos tercios de todas las implementaciones de programas fracasan. ¿Por qué sucede esto?

Las siguientes son algunas razones:

- Los líderes creen que pueden improvisar.
- No dedican el tiempo necesario.
- Subestiman el tiempo que se necesita para hacer un proyecto.
- Subestiman el tiempo necesario para poner en marcha un programa.
- Subestiman la resistencia al cambio que encuentran.
- No están provistos.

- No reciben formación porque piensan: «Esto debería ser bastante fácil. ¿Qué tan difícil puede ser?».

Cada vez que un ministerio de hombres falla, es como una pequeña inoculación. Al igual que una vacuna contra la gripe impide que el virus de esta pueda vivir en tu cuerpo, la parroquia se vuelve más y más resistente a un ministerio masculino sostenible. El siguiente líder que quiera crear un ministerio de hombres en la parroquia se encontrará con una resistencia cada vez mayor. Después de tres o cuatro intentos fallidos, los anticuerpos de la parroquia están completamente desarrollados y son impenetrables. El ministerio de hombres adquiere la reputación de «fracasado». El pastor ha decidido: «Eso nunca funcionará aquí». En realidad, sí lo hará, pero cuando una mente ha decidido algo, es casi imposible de cambiar.

Las investigaciones parecen indicar que a menos que un líder dedique un mínimo de cinco —y más probablemente diez—, años a una iniciativa, el éxito es improbable. Así que, a menos que esté dispuesto a dedicar diez o más años a la construcción de un programa para hombres, sería mejor para el movimiento católico de hombres que no empezara. Estos son tiempos serios que requieren líderes serios dispuestos a hacer un esfuerzo serio durante un período de tiempo serio.

LAS TRES VERTIENTES DEL LIDERAZGO

Salomón escribió: «Y un cordel triple no se rompe tan pronto» (Eclesiastés 4:12). Tu ministerio de hombres necesitará tres vertientes del liderazgo para alcanzar su máximo potencial: 1) tu pastor u otro sacerdote, 2) un líder principal para tus esfuerzos de discipulado de hombres, y 3) un equipo de líderes para apoyarlo. Necesitas la participación adecuada en cada uno de estos niveles para tener una base bien equilibrada.

Tal vez pienses: «Pero solo somos el pastor y yo los que nos encargamos de esto ahora. No tengo un equipo de liderazgo». O, «Tenemos un gran equipo y un líder apasionado, pero nuestro sacerdote no presta mucha atención a la formación de hombres como discípulos». O, «Nuestro sacerdote nos apoya, pero nadie ha dado un paso adelante. Trabajamos por consenso».

> ## La GRAN idea
>
> Las tres vertientes del liderazgo de tu ministerio son el pastor, un líder principal y un equipo de liderazgo.

Construir tu ministerio de hombres sin estas tres líneas de liderazgo es como conducir un auto al que le falta una bujía. El auto seguirá funcionando, pero no como debería. Tendrá un chisporroteo y un fallo de encendido, sin la potencia de un motor que funcione en todos los cilindros.

VERTIENTE DEL LÍDER #1: LA PARTICIPACIÓN ENTUSIASTA DEL PASTOR

Tom era un líder laico en su parroquia. Empresario consumado, Tom era experto en organizar e influir. Afortunadamente para su parroquia, Tom también tenía un corazón para los grupos pequeños.

Durante años, Tom trabajó, con la bendición y el apoyo público de su sacerdote, en la creación de un ministerio de grupos pequeños en su parroquia. Rezó, reclutó líderes de grupos, supervisó la formación, organizó el plan de estudios, asesoró y se esforzó al máximo. Después de siete años, pudo crear un ministerio de grupos pequeños en su parroquia con más de cien adultos cada semana.

Cuando un sacerdote «se contagia con el bicho»

Entonces, uno de los sacerdotes de su parroquia se contagió con el «bicho» de los grupos pequeños. De repente, se dio cuenta de lo eficaces que podían ser los grupos pequeños para el desarrollo espiritual de sus feligreses. Así que una primavera, con el apoyo del consejo parroquial y del propio Tom, el sacerdote comenzó una serie de homilías sobre la comunidad y los pequeños grupos. A lo largo de varios meses, expuso a la congregación la importancia de las relaciones. Decidió cancelar algunas de las actividades normales y sustituirlas por una «noche de grupo familiar».

Ese otoño, la nueva iniciativa atrajo a más de setecientos adultos a participar en pequeños grupos.

Tom trabajó durante siete años para crear un ministerio de grupos pequeños con cien personas. Entonces el sacerdote fija una fecha, predica unos cuantos sermones, reorganiza el horario y, ¡voilá!, setecientas personas participan. Está claro que la implicación del sacerdote es importante.

Tu pastor o vicario parroquial determinará en última instancia dónde se invierten las principales fuentes intelectuales, financieras y espirituales de la parroquia. Si uno de tus sacerdotes está involucrado en un programa o iniciativa, este recibirá un presupuesto, apoyo del personal, salones si los necesita y mucha publicidad.

Apoyo no significa participación. Las investigaciones sugieren que el apoyo al ministerio por parte de un sacerdote es bueno, pero la participación es mucho mejor. Si tu pastor se interesa personalmente en el proceso y la salud de tu ministerio de tu discipulado para hombres, tendrás una gran ventaja inicial.

Este tema es una de las principales quejas que escuchamos de los líderes del ministerio de hombres.

«Nuestro pastor no nos apoya».

«Nuestro pastor nunca asiste a nuestros eventos para hombres».

«Las actividades de los hombres apenas se mencionan en la misa».

Eso es irónico, porque todo sacerdote quiere ver a sus hombres convertidos en discípulos. Pero muchos sacerdotes se han quemado con el ministerio de hombres. En el pasado lo apoyaron, lo defendieron, invirtieron su tiempo y le dieron energía creativa. Pero el ministerio masculino no funcionó. Esto se repitió durante dos, tres y hasta cuatro intentos fallidos.

Si fueras el pastor, y por cuarta vez en ocho años, algún entusiasta (o quizás ingenuo) le dijera con entusiasmo: «¡Padre! ¡Tengo una gran idea! Deberíamos iniciar un ministerio de hombres», ¿qué harías? Sonreirías, asentirías y le desearías lo mejor. Luego esperarías.

Esto no es cinismo, sino realidad. Un pastor es responsable ante una multitud de grupos, todos los cuales quieren que su ministerio sea su máxima prioridad.

Cómo hacer que el pastor se involucre

Así que si tu pastor u otro sacerdote no se sube a bordo al principio, no pasa nada. Sea paciente y persevere. También hay algunas formas en las que puedes ayudar a tu pastor a involucrarse en el ministerio masculino más rápidamente.

- *Reza con tus sacerdotes y por ellos.* Una idea: reúne a tus hombres los domingos por la mañana antes de la misa y ten un tiempo de oración por tu pastor. Pidan por reiteraciones específicas. Y no lo hagan solo con el objetivo de que se involucre. Antes de decirles a mis hombres lo que yo tenía en mente, les pedí que rezaran por mí y por mi intención especial, así como por el pastor, durante todo un mes.
- *Apoya a tus sacerdotes.* El equipo de liderazgo del ministerio de hombres necesita tener una reputación de apoyo entusiasta a sus sacerdotes. Por ejemplo, descubre el área de pasión de tu pastor en el ministerio y únete a él para hacerlo aún más efectivo.
- *Informa a tus sacerdotes.* Tus sacerdotes nunca deben ser sorprendidos por lo que sucede en tu ministerio de hombres en la parroquia. Por ejemplo, añade a tu pastor en tus correos electrónicos de resumen después de las reuniones, y envíale historias de vidas cambiadas.
- *Incluye a tus sacerdotes.* Invita a tus sacerdotes y diáconos a tus eventos, pero inclúyelos de la manera en que ellos quieran ser incluidos. Puede que un sacerdote no quiera limitarse a dar la bendición o a finalizar con una oración; déjalo ser uno más.
- *Ama a tus sacerdotes.* Encuentra formas tangibles para que los líderes masculinos muestren su aprecio a tus sacerdotes.

Un pastor por quien rezan, que es apoyado, informado, incluido y amado tangiblemente por sus hombres será mucho más probable que se involucre en sus esfuerzos por acercarse más a Cristo. De hecho, ese pastor querrá participar para que eso ocurra, destinando todos los recursos de la parroquia para dicho esfuerzo. Será bueno para tus hombres, y bueno para tus sacerdotes. (Consulta otras veinticinco ideas para conectar con su pastor en el Apéndice A).

VERTIENTE DEL LÍDER #2: UN LÍDER APASIONADO

Un ministerio efectivo para hombres necesita un líder con una flecha en su corazón para los hombres de tu parroquia y comunidad. Alguien necesita levantarse por la mañana y pensar: «¿Cómo puedo ayudar a los hombres de nuestra parroquia a crecer en su fe?».

¿Tiene que ser un miembro del personal pagado? No. ¿Podría serlo? Sería maravilloso que tu parroquia o diócesis pagara a un líder capacitado para dedicar una parte importante de su tiempo al ministerio de hombres. Si es su única responsabilidad, es aún mejor. Pero en la mayoría de las parroquias, el líder del ministerio de hombres lo hará de forma voluntaria.

¿Qué otros requisitos debe cumplir el responsable ministerio de hombres? En unos minutos se podría hacer una lista saludable, pero estos son los tres atributos más importantes en relación con nuestro trabajo:

En primer lugar, debe ser un hombre que ame a Dios. Tu líder del ministerio de hombres debe modelar lo que espera que otros hombres lleguen a ser: un discípulo (seguidor) de

Jesucristo. Debe crecer espiritualmente, pasar tiempo en oración regularmente, y ser capaz de hablar cómodamente de su fe con otros hombres. No necesita ser un erudito de la Biblia, un gran predicador o maestro. Ese es el trabajo del sacerdote. Si bien el líder del ministerio de hombres debe buscar activamente crecer en el conocimiento de su fe, no necesita ser un teólogo.

En segundo lugar, debe tener un corazón para los hombres. Los líderes de tu parroquia tienen diferentes pasiones y llamados. El líder del ministerio de hombres debe tener una pasión por alcanzar y formar hombres como discípulos. Y esta debe ser su principal área de ministerio en la parroquia.

En tercer lugar, debe tener el conjunto de dones adecuados para dirigir a otros líderes. ¿Cómo puedes saber esto? Busca a un hombre que tenga el respeto de otros hombres. Esto no significa necesariamente que tenga que ser conocido o popular. Pero francamente, hay demasiados líderes de hombres por ahí que son «autoelegidos». Tienen la pasión, pero no los dones. Ten cuidado de no promover a alguien más allá de su nivel de competencia como recompensa por un servicio fiel. No impidas que un hombre ministre eficazmente donde está de modo que pueda liderar ineficazmente en una nueva posición.

VERTIENTE DEL LIDERAZGO #3: UN EQUIPO DE LIDERAZGO COMPROMETIDO

Alrededor del líder debe haber hombres comprometidos que compartan muchos de los atributos del propio líder. La altura de tu ministerio de hombres estará determinada por la profundidad de tu liderazgo.

Reflejando a los hombres a los que quieres alcanzar

Tu ministerio de hombres se convertirá en aquello que sea tu equipo de liderazgo. En otras palabras, tu equipo de liderazgo debe parecerse a los hombres que estás tratando de alcanzar. Si quieres alcanzar a hombres de diferentes orígenes étnicos, tu equipo de liderazgo debe ser étnicamente diverso.

Todos los miembros de tu equipo de liderazgo no tienen que tener el mismo nivel espiritual. Algunos miembros pueden desempeñar más de un papel de implementación mientras los orientas para el liderazgo. Por lo tanto, si quieres alcanzar a los hombres en varios niveles de madurez espiritual, podrías invitar a algunos chicos en varios lugares de su viaje espiritual.

Anima a cada líder a vivir su vida de tal manera que otros puedan decir que han estado «con Jesús» (ver Hechos 4:13). Como equipo, anima a los hombres a transformarse mutuamente en lo que quieren que sea su parroquia. Eso creará un modelo tan atractivo que otros hombres querrán formar parte de él.

> ### PREGUNTAS Y RESPUESTAS
>
> **Esta es una pregunta radical: ¿Debemos tener personas no cristianas en nuestro equipo de liderazgo?**
>
> Puede que pienses que esta es una pregunta tonta. Por supuesto, no vas a pedirle a este hombre que asuma un papel de liderazgo espiritual, pero ¿hay un lugar mejor para un hombre que está buscando a Cristo que estar rodeado de hombres cristianos que tienen una pasión por el discipulado? Un buscador sincero que ha estado presente por un tiempo puede ayudar a tu equipo de liderazgo a entender la perspectiva de los hombres a los que estás tratando de llegar.

Involucrar a otros y mantenerte fresco

Por último, no conviertas tu equipo de liderazgo en un

comité de «operaciones» o eventos. Tu equipo de liderazgo debe ser un equipo de oración y de planificación estratégica, no un equipo para «hacer». Si estás planeando un asado para hombres, el líder responsable de la comida no debería decidir el menú, hacer la lista de la compra, comprar los alimentos, preparar la comida y lavar los platos. Más bien, esta es una oportunidad para reclutar hombres para estas diversas tareas de modo que puedan comenzar a captar la visión. Traer refrescos es construir el reino, pero la mayoría de los hombres no lo sabrán a menos que un líder les muestre cómo su contribución alcanza a los hombres con el evangelio. (De nuevo, eso es lanzar la visión).

No podemos reiterar este punto con toda la contundencia que amerita. Si tu equipo de liderazgo está haciendo todo el trabajo, puedes disolverlo ahora o esperar unos años para que se desintegre. Es posible que quieras adelantarte y marcar una reservación en un campo de golf para el sábado porque tu ministerio con los hombres no durará a menos que estés ampliando constantemente el círculo de hombres que creen en la visión.

Reclutar es un trabajo arduo. A menudo es más fácil hacerlo uno mismo. NO. NO. NO. Si quieres que tu ministerio perdure, delega constantemente el trabajo del ministerio a hombres que puedan llegar a ser tus futuros líderes.

Una pregunta que escuchamos con frecuencia es: «¿Qué tamaño debe tener mi equipo de liderazgo?». Puede que te sientas tentado a decidirlo pensando en las posibles áreas de responsabilidad: un coordinador de grupos pequeños, un coordinador de grandes eventos, un coordinador de retiros, etc. Suena bastante bien coordinado, ¿verdad? Pero este enfoque es peligroso.

Los líderes masculinos a menudo nos dicen que están agotados. No se tarda en descubrir que están tratando de dirigir grupos pequeños y un retiro, y entrenar a un equipo de softball y organizar un autobús para una conferencia de hombres y coordinar un evento de alcance y así sucesivamente. ¿Por qué? Porque creen que eso es lo que «se supone» que deben hacer los ministerios para hombres.

Esto conlleva dos problemas: en primer lugar, se están quemando. En segundo lugar, nadie más quiere unirse al equipo de liderazgo porque ven la cantidad de trabajo que supone.

«El tamaño de nuestro ministerio determina el tamaño de nuestro equipo de líderes" es peligroso. En su lugar, míralo de esta manera: «El tamaño de nuestro equipo de liderazgo determina el tamaño de nuestro ministerio». Dios ha puesto a ciertos hombres en tu parroquia con el deseo de alcanzar y discipular a los hombres. Pero para la mayoría de ellos no es un llamado vago; es específico. Algunos se apasionan por el softbol, otros por hacer que los hombres vayan a las conferencias masculinas, otros por los grupos pequeños, etc. Tu ministerio debe fluir a partir de las pasiones de tu equipo de liderazgo. Si no tienes un hombre que se apasione por los retiros, entonces no hagas un retiro. Lo creas o no, «Llevarás a tus hombres al desierto para que se retiren" no está realmente en la Biblia.

Los hombres que Dios te ha dado no son activos para realizar las tareas establecidas en tu plan estratégico. Son líderes. Sus pasiones son pistas maravillosas de lo que Dios quiere que hagas por los hombres de tu parroquia. Si les permites perseguir su vocación, estarán más comprometidos, tu ministerio será más efectivo y, lo mejor de todo, se atraerán más líderes. Tu ministerio crecerá de forma natural y a su debido tiempo.

EL ARTE DE RECLUTAR LÍDERES

Reclutar líderes es un proceso. La siguiente una buena manera de recordar cómo se desarrolla esto en las relaciones: Cita-Relación-Confianza-Tarea, o CRCT. ¿Cómo funciona esto?

Cita

Crea valor para los líderes consiguiendo la cita. La primera vez que vimos a nuestras futuras esposas, la mayoría de nosotros no nos acercamos y dijimos: «¿Te gustaría casarte?». En cambio, le pedimos una cita: una cita para el viernes por la noche. Así que no te fijes en un hombre y le pidas que se una a tu equipo de liderazgo. En su lugar, pídele una cita.

«Oye Juan, me gustaría mucho conocer tu opinión sobre nuestro ministerio de hombres. ¿Te gustaría que nos reuniéramos para tomar un café mañana?». El valor para Juan es que le estás pidiendo su opinión. Si realmente es un líder potencial, Juan estará encantado de reunirse contigo.

Relación

Durante la cita, empieza a entablar una relación. Háblale de tu participación y de por qué es importante para ti. Escucha su corazón. Pero no le pidas que se comprometa a nada. Confórmate con convertirte en su amigo.

Confianza

Después de compartir tu pasión por el ministerio de hombres, prepárate para el siguiente paso. Si es indiferente, pregúntale cómo puedes rezar por él. Si está demasiado ocupado para involucrarse más, ofrece rezar por él y pídele que rece por ti y por los hombres. Si está interesado en ir más allá, pídele que vaya a tu próxima reunión del equipo de liderazgo como invitado. Puede sentarse y escuchar lo que está pasando. Luego pueden reunirse de nuevo y hablar de ello.

Al ofrecerle un siguiente paso que sea apropiado para su nivel de interés y disponibilidad, le muestras que estás interesado en ayudarle a cumplir la misión de Dios para su vida, y no tu misión para su vida. La confianza comienza a desarrollarse.

Tarea

La confianza es la clave para hacer algo juntos. Una vez que él muestre un interés continuo, entonces podrás ofrecerle una tarea, ya sea pidiéndole que rece o que explore la posibilidad de involucrarse. No te precipites en este proceso, pues ahuyentarás a tus líderes potenciales.

DUPLICA EL TAMAÑO DE TU EQUIPO DE LIDERAZGO...

Si hay una queja común sobre los líderes, es esta: no hay suficientes. Así que aquí tienes una forma fácil de duplicar el tamaño de tu equipo de liderazgo.

Digamos que tienes cuatro hombres comprometidos en tu equipo de liderazgo. Hagan un pacto entre ustedes para llevar a un hombre a tomar un café o a almorzar cada mes y compartir por qué formar hombres como discípulos es importante para ustedes. Utiliza tu «discurso de ascensor» (mira el capítulo 8). Sigue este proceso durante un año. Suponiendo que cada uno de ustedes falte un mes aquí o allá, tendrán conversaciones con al menos cuarenta hombres.

Tu pasión no significará gran cosa para muchos de estos hombres. Otros se alegrarán por ti, pero estarán demasiado ocupados para implicarse ellos mismos. Pero si solo dos de cada diez hombres expresan su interés en asistir a una reunión (es decir, ocho de tus cuarenta hombres) y la mitad de ellos deciden participar, ¡habrás duplicado el tamaño de tu equipo de liderazgo en solo un año!

. . . O REDUCE TU EQUIPO DE LIDERAZGO A LA MITAD

Crear tu equipo de liderazgo es un trabajo arduo. Es muy fácil destruirlo. Si tu ministerio está formando efectivamente hombres como discípulos, tu equipo de liderazgo será atacado por el Enemigo. Por eso es tan importante que cada miembro de tu equipo de liderazgo sea responsable ante otros hombres piadosos. Todo hombre necesita a alguien que pueda mirarlo a los ojos y decirle cuando algo no parece estar bien.

Además, vivir en un mundo caído significa que los líderes pueden ser sacados del juego por eventos más allá de su control. Una enfermedad familiar, un traslado laboral u otras circunstancias pueden impedir que un hombre continúe en tu equipo de liderazgo.

Pero la forma más rápida de reducir tu equipo de liderazgo a la mitad es esta: tratar de esculpir a un hombre para que sea un mejor líder. Es un error tratar de cincelar las partes impías de un hombre para que solo quede lo bueno. Rara vez funciona así.

Los líderes necesitan ser cultivados. Cultivar es un término agrícola. Se cultiva una cosecha eligiendo buenas semillas, preparando la tierra, fertilizándola y regándola regularmente. Y luego se recoge la cosecha.

A los líderes hay que pulirlos, no cincelarlos. Se pule a los líderes animándolos, no criticándolos; y afirmándolos, no corrigiéndolos. Asegúrate de que tus líderes tengan muchas oportunidades de ser expuestos al amor de Cristo. Si quieres un mejor líder, ayúdale a convertirse en un mejor discípulo.

Muchas veces, puedes pensar que es una buena idea «encender un fuego» debajo de las personas. Eso es simplemente un error. La idea es encontrar personas que ya están ardiendo y simplemente echarles gasolina.

EL ALTO LLAMADO DEL LIDERAZGO

Es un alto llamado ser parte de un equipo de hombres que desean discipular a otros. Nuestra oración es que Dios use a tu equipo para levantar decenas, cientos o incluso miles de hombres que sean valientes guerreros del reino de Cristo.

Para resumir, estos son los tres fundamentos de un ministerio de discipulado sostenible para hombres en tu parroquia:

- una filosofía de ministerio que dice que el discipulado es la prioridad portal
- un ambiente que comunique a los hombres el código

masculino adecuado

- una estrategia de liderazgo centrada en tres aspectos: tu pastor, un líder y tu equipo de liderazgo

Al establecer la base de tu ministerio, el siguiente paso será definir el proceso en el que deseas involucrar a los hombres. El continuo de amplio a profundo ilustra el camino para llegar a ser un discípulo maduro. En el próximo capítulo le mostraremos cómo funciona esto en detalle, y le mostraremos qué actividades en la parroquia pueden ayudar a los hombres en este camino.

Recuerden esto...

- Cada vez que un ministerio de hombres falla, es como una pequeña inoculación: tu parroquia crea una resistencia al ministerio de hombres que es más difícil de superar.
- «Un cordel triple no se rompe rápidamente». Estas son las tres vertientes del liderazgo necesarias para tu ministerio masculino: la participación entusiasta del pastor u otro sacerdote, un líder apasionado y un equipo de liderazgo comprometido.
- El apoyo tácito del pastor no significará mucho; su apoyo activo está bien; su participación entusiasta es lo mejor.
- El líder del ministerio masculino debe tener un corazón para Dios, un corazón para los hombres y los dones de liderazgo necesarios para dirigir a otros líderes.
- La altura de tu ministerio de hombres será determinada por la profundidad de tu liderazgo.

- Los hombres de tu equipo de liderazgo deben transformarse mutuamente en lo que quieran que sean los hombres de la parroquia.
- Los líderes necesitan ser pulidos, no cincelados. No necesitan que enciendas un fuego debajo de ellos: ya están encendidos. Solo hay que encontrar la manera de echarles un poco de gasolina y luego quitarse de en medio.

Hablen de esto...

1. ¿Cuál es la historia del ministerio masculino en tu parroquia? Cuando dices «ministerio de hombres», ¿qué impresión le da a la gente que no está involucrada? ¿Cómo puede un buen liderazgo ayudar a superar o formar esta impresión?

2. ¿Tu pastor cree que los hombres de tu parroquia —o al menos los líderes masculinos— lo apoyan y lo quieren? ¿Qué estarías dispuesto a hacer para demostrarle que lo apoyas al 110 por ciento?

3. ¿Te sientes un poco agotado en el ministerio de hombres? ¿Has empezado a notar que tus compañeros líderes se sienten de la misma manera, o incluso ya has perdido a algunos? ¿A qué crees que se debe esto? ¿Qué puedes hacer al respecto?

4. Tómate unos minutos y haz una lista con los nombres de los hombres que actualmente forman parte de tu equipo de liderazgo. Enumera una o dos cosas que le apasionan a cada uno. Considera en oración si estas son las cosas en las que Dios quiere que tu ministerio de hombres se enfoque en este momento.

5. En el capítulo 12 desarrollarás un plan para reclutar nuevos líderes. Dedica unos minutos a hacer una lluvia de ideas y empieza a hacer una lista de hombres con los que podrías querer conectarte.

Recen por esto...

Recen juntos como equipo de liderazgo:

- Para que tu pastor y tus sacerdotes no solo apoyen tu ministerio, sino que se involucren personalmente.
- Que Dios bendiga los esfuerzos de tu pastor para alcanzar a los hombres.
- Que Dios críe a un hombre —si no lo ha hecho ya— que se comprometa apasionadamente a dar a cada hombre de tu parroquia la oportunidad de convertirse en discípulo de Jesucristo.

7

UN MINISTERIO INCLUSIVO PARA HOMBRES

Si tienes cien hombres en tu parroquia, ¿qué tamaño tiene tu ministerio? A veces nuestras suposiciones y paradigmas nos impiden ver el panorama general. Esto es ciertamente cierto en el ministerio de hombres. Este capítulo se ocupará de algunos paradigmas comunes y te ayudará a entender cómo puede maximizar tu parroquia el impacto espiritual de cada interacción que tiene con cada hombre.

UNA PARROQUIA ESTABA CELEBRANDO su retiro anual de hombres. Los hombres del equipo de liderazgo se convirtieron en un subcomité y asumieron la tarea de organizarlo. Se fijaron algunos objetivos:

- Alcanzar a los hombres que tradicionalmente no asistían a sus eventos.
- Ayudar a los hombres a conocerse en el retiro.
- Desarrollar una estrategia de seguimiento que mantuviera a los hombres involucrados después del retiro.

Trabajaron arduamente para promocionar el evento. Muchos de los hombres que se inscribieron no estaban muy involucrados en la parroquia y nunca habían asistido a un retiro. Hicieron que los miembros del equipo hablaran a un nivel muy práctico sobre cómo el hecho de ser cristiano afectaba sus vidas diarias. Las charlas fueron breves y hubo mucho tiempo para debatir después. Para que los nuevos hombres se sintieran cómodos, les permitieron sentarse donde quisieran durante las sesiones y los debates.

Hubo muchas actividades divertidas y competitivas. Y ofrecieron una actividad de seguimiento para que los chicos se involucraran en grupos masculinos más pequeños que se reunirían durante seis semanas para profundizar en las cuestiones planteadas en el evento.

Durante el retiro, parecía que los chicos se estaban conociendo de verdad. Los momentos de debate fueron intensos. Las actividades fueron divertidas y hubo muchas risas y bromas durante todo el fin de semana. Al final del retiro, los hombres se inscribieron para el seguimiento, incluidos los que no habían participado antes.

UN RETIRO EXITOSO... ¿O NO?

Una o dos semanas después, se reunió todo el equipo de liderazgo del ministerio de hombres, incluido el equipo de planificación del retiro. El líder del equipo del ministerio de hombres abrió la reunión con un tiempo para informar sobre el retiro. El equipo de planificación estaba entusiasmado por hablar de su éxito y francamente deseoso de recibir algunas palmaditas en la espalda. Lo que escucharon a continuación les dejó boquiabiertos.

«Bueno», dijo uno de los líderes, moviéndose incómodo, «supongo que empezaré yo. Tengo que decir que me ha decepcionado mucho el retiro de este año. Siento que hemos desperdiciado una oportunidad». «Sí, yo también», añadió otro líder. «Por ejemplo, el orador apenas habló de cosas realmente espirituales. No enseñó nada acerca de la Biblia, sino que habló principalmente de sus propias experiencias».

«Y los tiempos de discusión...» comenzó otro hombre. «Cada vez que estábamos con diferentes tipos. Deberíamos haber asignado a los chicos a grupos de cuatro y quedarnos con ellos durante todo el fin de semana. Podríamos habernos reunido y rezado juntos y, con suerte, haber profundizado en algunos temas».

Hubo otros comentarios sobre el conferenciante, no abordar lo suficiente la Escritura, el tiempo insuficiente para rezar el Rosario, el tiempo insuficiente dedicado a la adoración del Santísimo y otras «oportunidades perdidas» del retiro. El equipo de planificación estaba sorprendido. Habían alcanzado todos los objetivos que se habían fijado para el fin de semana y, sin embargo, el equipo directivo lo estaba destrozando. ¿Qué fue lo que falló?

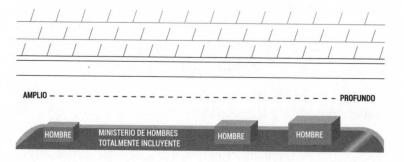

EL CONTINUO DE AMPLIO A PROFUNDO

Hacer discípulos consiste en tomar a los hombres en el punto en el que se encuentran en su viaje con Cristo y ayudarles a convertirse en seguidores maduros y apasionados de Jesús. Este viaje puede ser representado por un continuo:

HOMBRES QUE   - - - - - - - - - - - - - - - - -   DISCÍPULOS
NECESITAN A   MADUROS
CRISTO

Tu ministerio con los hombres tendrá que ayudarles en cada etapa de este viaje. Llamamos a este concepto el *continuo de amplio a profundo*.

AMPLIO - PROFUNDO

Cada hombre de tu parroquia puede situarse en algún punto del continuo, y eso determina las ofertas que le resultarán atractivas. A medida que un hombre madura en su fe, se moverá más hacia abajo en el continuo.

¿Cómo podría haber ayudado el conocimiento de este continuo al equipo de liderazgo del ejemplo del retiro anterior? En primer lugar, el equipo de planificación podría haber compartido sus objetivos con el resto del equipo de liderazgo y haber recibido su apoyo y «aceptación» del enfoque. Toda decepción es el resultado de unas expectativas no cumplidas. El equipo de liderazgo tenía una serie de expectativas sobre el público objetivo del retiro; el equipo de planificación tenía otra.

Obsérvese que ninguna de las sugerencias de los otros miembros del equipo de liderazgo era mala. Enseñar directamente los pasajes de las Escrituras, permanecer con el mismo grupo de hombres para discutir en profundidad, tener tiempos personales más prolongados con Dios: todas estas son grandes actividades de retiro para profundizar en la fe de los hombres.

Pero tampoco hay nada de malo en el tipo de retiro que el equipo planificó. Todo depende del lugar al que se apunte en el continuo.

APLICANDO EL CONTINUO DE AMPLIO A PROFUNDO

Interactuarás con los hombres en todos los puntos de este continuo de amplio a profundo. En el lado izquierdo, o «amplio», están los hombres que no están interesados en las cosas espirituales. Para llegar a los hombres del lado amplio, necesitas actividades que los alcancen en

> **La GRAN Idea**
>
> Desarrolla un proceso sin fisuras para mover a los hombres a través del continuo de amplio a profundo.

su punto de interés. Son actividades que requieren poca o ninguna preparación y poco compromiso. Las actividades típicas en el extremo amplio son los equipos de softbol, los asados, una fiesta del Super Bowl, el golf, la caza o la pesca.

Para alcanzar a los hombres del lado «profundo», se necesitan actividades que satisfagan sus necesidades espirituales de forma más deliberada. Estas actividades probablemente tengan una conexión de una semana a otra, requieren una preparación, profundizarán en conceptos espirituales, ofrecerán responsabilidad y transparencia y su enfoque será en cristianos más maduros. Las actividades típicas pueden incluir grupos pequeños, estudios bíblicos, formación de líderes, proyectos de servicio o retiros espirituales.

Ninguna actividad que planifiques puede satisfacer las necesidades de todos los hombres de tu parroquia. En nuestra ilustración del retiro anterior, el equipo de planificación del retiro se centró en alcanzar a los hombres más a la izquierda de este continuo, mientras que el resto del equipo de liderazgo esperaba algo que llegara a los hombres de la derecha del continuo.

Al planificar, asegúrate de ofrecer diferentes tipos de actividades para llegar a los diferentes tipos de hombres de tu parroquia. Desarrolla un proceso fluido para que los hombres atraviesen el continuo de amplio a profundo.

Además, asegúrate de que tus líderes tengan claro cuál es su público objetivo. Si los deja solos, tus líderes adaptarán naturalmente los eventos a su pasión y vocación. Ayúdales a entender el propósito del evento para que puedan apoyar la agenda acordada por el equipo.

LOS EQUIPOS DE LIDERAZGO Y EL CONTINUO

Diferentes líderes se apasionarán por llegar a diferentes tipos de hombres. Como ejemplo, considera la siguiente situación hipotética en tu parroquia un domingo por la mañana.

Tu equipo de liderazgo ministerio de hombres acaba de

terminar de rezar juntos antes de la misa. Un acomodador se acerca y le dice a tu equipo que hay dos hombres en el vestíbulo pidiendo que alguien hable con ellos.

Uno de ellos ha llegado de la calle. No sabe por qué está allí, pero parece un poco deprimido y dice que busca respuestas. Quiere saber qué es el catolicismo. El segundo hombre lleva un tiempo en la parroquia. Debido a circunstancias personales en su trabajo y en su matrimonio, quiere dar un paso más en su relación con Cristo. Quiere que alguien hable con él sobre cómo empezar el siguiente paso en su camino con Cristo.

¡Rápido! Tienes que elegir solo a uno. ¿Con qué hombre preferirías ir a hablar?

Algunos de ustedes que están leyendo este libro tienen un corazón para el evangelismo. Su deseo es llegar a las almas perdidas y dirigirlas hacia la cruz. Otros se sienten más atraídos por ayudar a los hombres cristianos a construir el reino de Dios. A ti te gusta ayudar a los hombres a entender lo que significa rezar y crecer en el conocimiento de su fe. Cuando presentamos este escenario a los líderes de hombres, aproximadamente la mitad de los líderes quieren hablar con el hombre que está buscando a Cristo por primera vez, mientras que la otra mitad se siente atraída a hablar con el hombre que está buscando una relación más profunda con Cristo.

Piensa en el continuo. Los hombres en el lado izquierdo del continuo son buscadores, y tratan de encontrar su camino hacia Cristo. Los hombres del lado derecho son líderes, que desean seguir a Cristo más de cerca y servirle. La mayoría de los líderes están preparados para trabajar con hombres que se encuentran en un punto determinado del continuo. Si entiendes este concepto, puedes ayudar a evitar muchos problemas y malentendidos.

Después de compartir esto durante un curso de formación, un sacerdote y el líder del ministerio de hombres de su parroquia se acercaron y dijeron: «Puede que hayas salvado nuestra relación».

El sacerdote explicó que salía a la comunidad para conocer a nuevos hombres y convencerlos de que probaran la parroquia. Pero cada vez que entraba un hombre nuevo, el líder del ministerio de hombres hablaba con él, lo invitaba a unirse a un grupo pequeño y le explicaba la importancia de la responsabilidad.

«Tan rápido como podía hacer entrar a los nuevos en la puerta principal», dijo el sacerdote, «salían corriendo por la parte de atrás». Entender el continuo ayudó al sacerdote y al líder del ministerio a darse cuenta de que sus corazones estaban enfocados en hombres que se encontraban en diferentes lugares de su camino espiritual.

El líder del ministerio aprendió que cada hombre tiene que pasar por un proceso. No siempre están preparados para la responsabilidad y la transparencia. Él y el sacerdote acordaron desarrollar un proceso apropiado para hacer avanzar a los hombres a lo largo del proceso.

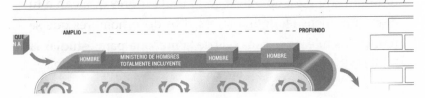

EL CONTINUO DE AMPLIO A PROFUNDO
Y TU CINTA TRANSPORTADORA

La cinta transportadora de nuestra imagen incluye todas las actividades e interacciones que tiene tu parroquia con los hombres. Son estas interacciones y actividades las que atraen a los hombres y les ayudan a avanzar en su camino espiritual. Pero es una falacia pensar que todas estas interacciones tienen que ser actividades solo para hombres, impulsadas por la idea tradicional de un ministerio masculino.

¿Cuántos hombres hay en tu ministerio masculino?

Piensa por un momento en tu parroquia. En los espacios siguientes, escribe las respuestas a estas dos preguntas:

¿Cuántos hombres tienes en tu parroquia?

¿Cuántos hombres tienes en tu ministerio para hombres?

Hacemos esta pregunta en cada clase de formación que impartimos en Orlando. Aunque las respuestas pueden variar, normalmente obtenemos respuestas como: 500 hombres, 50 en nuestro ministerio de hombres; 100 hombres, 20 en el ministerio para hombres; 75 hombres, y ni siquiera tenemos un ministerio de hombres.

¿Quiénes son los hombres que consideras que están «en» tu ministerio para hombres? ¿Son los hombres que van a tu desayuno mensual de hombres? ¿Los doce hombres que se reúnen los miércoles a las seis de la mañana para estudiar la Biblia? ¿Es el grupo de hombres que fue al último retiro?

Nos gustaría que consideraras este concepto de manera diferente: todo lo que hace tu parroquia que toca a cualquier hombre es el ministerio de los hombres. ¡Todo! Así que si tienes cien hombres en tu parroquia, el tamaño de tu ministerio masculino es de cien. La única pregunta es: «¿Se trata de un ministerio eficaz o ineficaz?».

Como dijimos antes: «Tu sistema está perfectamente diseñado para producir los resultados que estás obteniendo». También dijimos que el ministerio de tu parroquia con los hombres está perfectamente diseñado para producir los hombres que tienes sentados —o no sentados— en tus bancas.

¿Qué pasaría si empezaras a pensar en tu ministerio con los hombres en estos términos?

- Todos los hombres de mi parroquia forman parte del ministerio para hombres.
- Todo lo que nuestra parroquia hace para y a través de un hombre es ministerio masculino.

Un ministerio incluyente para hombres trata de maximizar el impacto espiritual de cada interacción con cada hombre, sin importar el entorno. Cantar en el coro, estacionar los autos, trabajar con los jóvenes, hacer de voluntario en la contabilidad o asistir a la misa dominical: todo es ministerio para y a través de los hombres. El trabajo de un líder es determinar cómo ayudar a los hombres a ser discípulos en cada uno de estos contextos.

Una mentalidad incluyente resuelve los problemas típicos

Una visión incluyente de tu ministerio con los hombres ayuda a eliminar la mentalidad de «nosotros contra ellos» que a veces se desarrolla entre los hombres de la parroquia. Cualquier parroquia en crecimiento tiene un grupo de hombres que trabajan duro cada semana en un ministerio fiel. Muchos de estos hombres simplemente no pueden participar en sus actividades exclusivas para hombres. Es una tontería insinuar que un diácono que pasó dos horas y media instalando un nuevo lavavajillas para una madre soltera no es parte del ministerio de hombres porque no se levanta a las seis y media de la mañana siguiente para un estudio bíblico. Estos son exactamente el tipo de hombres que estamos tratando de promover, y son una parte vital de lo que Dios está haciendo a través de los hombres de nuestras parroquias.

> ## La GRAN Idea
>
> Un ministerio masculino incluyente maximiza el impacto de cada interacción con cada hombre, sin importar el encuentro.

Una parroquia compartió uno de sus «problemas». Esta parroquia estaba llegando a muchos padres jóvenes de la comunidad parroquial a través de su programa de deportes familiares. Esto hacía que los hombres se involucraran en actividades matrimoniales y eventos para niños. Algunos de estos hombres empezaron a ocupar puestos de liderazgo en la parroquia. Los líderes dijeron: «Tenemos un problema». Tenemos a estos jóvenes en nuestra parroquia que fueron alcanzados a través de nuestros programas deportivos. Ahora están sirviendo como profesores, ministros laicos extraordinarios de la Eucaristía, voluntarios en la preparación de matrimonios y ministros de duelo, y nunca han venido a ninguno de nuestros eventos del ministerio de hombres.

Se lo replanteamos de esta manera: «Ustedes tienen hombres en la comunidad parroquial que no son fuertes en su fe. Ustedes los alcanzaron a través de su ministerio de deportes para niños. Estos hombres y sus esposas se conectaron con otras familias y con la parroquia. Están creciendo como católicos. Se están convirtiendo en líderes y están sirviendo en varias capacidades en tu parroquia. ¿Y el problema es...?».

Juntos fueron capaces de ver que esto realmente no era un problema en absoluto. El único problema era que, como líderes, tenían una visión atrofiada de lo que constituía el ministerio de hombres.

Si todo lo que hace la parroquia que tenga que ver con los hombres es el ministerio para hombres, entonces tienes un gran interés en ayudar a que cada ministerio tenga éxito. Los otros ministerios de la parroquia deben creer que los hombres, y el liderazgo del ministerio masculino, están ansiosos por cumplir la misión que les ha dado Dios.

Un ministerio masculino que incluya a todos los hombres aprovechará los esfuerzos de los otros ministerios de la parroquia para ayudarte a lograr tu propósito de formar hombres como discípulos. En lugar de reinventar cada vez una actividad solo para hombres, apoya algunos eventos que tu parroquia ya ha planeado para alcanzar a los hombres. No es apropiado que digamos a los hombres: «Te discipularemos si vienes a nuestras actividades o eventos».

Jesús no dijo: «Vengan y sean discipulados». Dijo: «Vayan y hagan discípulos». Dios nos llama a ir donde están nuestros hombres y discipularlos allí.

Como parte de un equipo de liderazgo masculino, no tienes que hacer todo el trabajo pesado. Tu parroquia probablemente ya está haciendo cosas que están funcionando para discipular a los hombres. Recuerda que toda actividad que alcance a los hombres es un ministerio masculino. Aprovecha las clases, los grupos y los procesos que están haciendo discípulos masculinos en tu parroquia. Ayuda a los líderes y a los hombres en estos ambientes a verlos como oportunidades para discipular a los hombres.

Apoya otros eventos y ministerios de la parroquia adoptándolos como parte de tu ministerio para los hombres. Por ejemplo, como ministerio masculino, ofrécete a preparar y desmontar la próxima gran feria ministerial patrocinada por el consejo parroquial o el equipo de evangelización. Ofrécete a reclutar voluntarios masculinos para tu ministerio infantil. Reúne a tus hombres en torno a la próxima jornada de trabajo patrocinada por tu comité de jardines.

NO MÁS EXIGENCIAS A TUS SACERDOTES

La mentalidad de un ministerio incluyente aprovecha el trabajo y la contribución de tus sacerdotes. Piénsalo. Si todo lo que hace tu parroquia que toca a los hombres es parte de tu ministerio masculino, entonces tu pastor es la «punta de lanza», por así decirlo, de tus esfuerzos para discipular a los hombres. Será un alivio para tu pastor saber que no tiene que inventar toda una serie de programas nuevos para tener un ministerio de hombres. Ayúdale a entender que tu intención es que todas las cosas que ya está haciendo tu parroquia con los hombres sean aún más eficaces. Haz una lluvia de ideas con él sobre cómo hacer que tu parroquia sea más acogedora para los hombres y cómo apoyar a los líderes de otros ministerios. Lograr que tus sacerdotes piensen en cómo discipular a los hombres en tu parroquia puede ser la mayor contribución al éxito de tu ministerio.

LÍDERES INESPERADOS

No solo tus sacerdotes se benefician de un enfoque incluyente del ministerio masculino. Igual de importante es inspirar a otros líderes de la parroquia para que vean cada interacción que tienen con los hombres como una oportunidad de hacer discípulos.

Por ejemplo, casi todas las parroquias tienen acomodadores. Si le preguntaras al jefe de acomodadores de tu parroquia: «¿Cuál es el propósito de los acomodadores? ¿Por qué están aquí estos hombres (o mujeres)?», podría decir cosas como: «Para servir a la gente asegurándose de que saben lo que está pasando y ayudándoles a encontrar un asiento», o, «Para ayudar a mantener un ambiente de oración a lo largo de la misa mientras la gente entra y sale». Al final, su respuesta probablemente se reduciría a repartir boletines y hacer que la gente se siente, mientras más rápido mejor.

¿Y si pudieras inspirar a tu acomodador principal a una nueva visión? «¿Por qué están aquí estos acomodadores? Estos hombres están aquí para convertirse en discípulos de

Jesucristo». ¿Qué pasaría si fuera capaz de ver que su papel principal es ayudar a discipular a los otros acomodadores, y solo en segundo lugar lograr que la gente se siente? Aquí hay un ejemplo que muestra cómo puedes hacer esto:

Primera semana. El acomodador principal les dice a todos los demás acomodadores que le gustaría que llegaran cinco minutos antes la próxima semana. Tiene algo que quiere compartir con ellos. Los llama a todos el sábado para recordarles.

Segunda semana. Cinco minutos antes de lo habitual, reúne a los acomodadores y les entrega dos tarjetas de negocios: una en blanco y otra con un versículo de la Biblia. Les lee el versículo y les explica por qué es un versículo significativo:

«Ahora bien, hay diversidad de dones; pero el Espíritu es el mismo. Hay también diversidad de ministerios, pero el Señor es el mismo. También hay diversidad de actividades, pero el mismo Dios es el que realiza todas las cosas en todos» (1 Corintios 12:4-6). Este versículo muestra que todos los que sirven están desempeñando un papel importante. Nuestros sacerdotes están sirviendo a Dios celebrando la misa, y nosotros estamos sirviendo al mismo Dios ayudando a la gente a conseguir boletines y encontrar asientos. Todos somos una parte importante de la experiencia litúrgica dominical de una persona.

«Guarda esta tarjeta en tu billetera y sácala esta semana cuando tengas un minuto. Incluso podrías querer memorizar el versículo.

«Me gustaría rezar por cada uno de ustedes, así que en la tarjeta en blanco escriban su nombre y algo por lo que les gustaría que rezara esta semana. Permítanme decir una oración rápida ahora, y recogeré las tarjetas en un minuto o dos.

«Querido Señor, gracias por la oportunidad de servirte esta mañana. Gracias por estos hombres y mujeres que están dispuestos a dedicar su tiempo a ser acomodadores. Ayúdanos a recordarte al pasar por la vida esta semana. Bendice a nuestras familias y a nuestra parroquia para Tu gloria por Cristo nuestro Señor. Amén».

Tercera y cuarta semana. Él hace lo mismo, pero empieza a preguntarles si tienen alguna idea sobre el versículo y si hay alguna petición de oración que quieran compartir con el grupo.

Quinta semana. Esta semana el acomodador principal solo entrega a cada persona la tarjeta con el versículo bíblico. Después de repasarlo y de que hablen durante unos minutos, les pide que escriban su nombre y su petición de oración en el reverso de la tarjeta y que la intercambien entre ellos.

A medida que avanza el tiempo, se reúnen unos minutos antes para acomodar las discusiones que han empezado a tener lugar. Diferentes tipos empiezan a rezar. El acomodador principal falta una semana y pide a uno de los otros que haga el versículo esa semana. Otros se ofrecen como voluntarios para llevar un versículo. Finalmente, algunos disfrutan tanto del tiempo que deciden empezar o unirse a un grupo pequeño.

Cuando empezaron, los acomodadores pensaron que solo estaban allí para repartir pedazos de papel y hacer que la gente se sentara. Con un proceso como este, es probable que Dios les ayude a pasar de servir por obligación (o evitar cantar durante la liturgia) a servir por el desbordamiento de su relación con Él y con los demás. Este es un paso adelante en su viaje espiritual, que les hace avanzar en el continuo. Se están convirtiendo en mejores discípulos.

Saca un momento y piensa en todas las formas en que los hombres están involucrados en la parroquia: sirviendo como músicos, cantando en el coro, actuando como acomodadores y recibidores, dirigiendo la Liturgia de la Palabra para los niños, sirviendo como lectores o ministros de la Eucaristía, perteneciendo a los Caballeros de Colón, ayudando con los programas para jóvenes, enseñando RCIA (Rito de iniciación cristiana de adultos), actuando como asistentes en el estacionamiento. ¿Cómo puedes inspirar a los líderes para que lleguen a estos hombres donde están y les ayuden a convertirse en discípulos de Jesucristo?

CADA HOMBRE ES PARTE DE TU MINISTERIO DE HOMBRES

Por último, un ministerio masculino incluyente ayuda a cada hombre de la parroquia a sentirse parte de algo más grande que él mismo. Permite que cada hombre se involucre en su parroquia donde sienta que Dios lo llama a participar.

Si todos los hombres de la parroquia forman parte de nuestro ministerio de hombres, entonces debemos idear formas innovadoras y eficaces de comunicar ese mensaje a, bueno, ¡todos los hombres! (Por eso son tan importantes los conceptos de resonancia y eslogan externo que aparecen en el capítulo 8).

Por ejemplo, una parroquia llama a su ministerio masculino Hombres de Hierro. Para que todos los hombres se sientan parte del ministerio masculino, se refieren a los hombres de la parroquia como hombres de hierro. Si vas a la iglesia, aunque sea una semana, eres un hombre de hierro. Casi cada vez que hay un anuncio para los hombres, ya sea en el servicio o en otro lugar, se dice: «Cada hombre de nuestra parroquia es un hombre de hierro». ¿Suena a chiste? Tal vez, pero si miras alrededor de la iglesia el domingo, verás que los hombres se sientan un poco más erguidos cada vez que esto se dice.

Dondequiera que los hombres estén involucrados, necesitas «reclamarlos» para tu ministerio de hombres de una manera que apoye y honre a los otros ministerios de la parroquia. Ayuda a estos hombres comprometidos a entender que asistir al retiro anual de hombres o al desayuno mensual de hombres o al estudio bíblico semanal no es un requisito para formar parte del ministerio de hombres. Los hombres que trabajan en el comedor social necesitan verse a sí mismos como un hombre en el ministerio. Proporciónales delantales con el logotipo de tu ministerio masculino. Esto ofrece un doble beneficio. En primer lugar, el hombre mira ese logotipo y dice: «Los hombres de esta parroquia me consideran parte del ministerio masculino. Piensan que lo que hago es importante, y tengo el delantal que lo demuestra». En segundo lugar, otros ven el logotipo y dicen: «Vaya, los hombres de esta parroquia están dispuestos a hacer lo que sea necesario».

Ayuda a los hombres que ayudan en el estacionamiento a verse como hombres en el ministerio. Entrégales tarjetas de oración cada domingo con el logotipo del ministerio de hombres, un versículo de la Escritura y una petición de oración para la parroquia. Pídeles que aprovechen cualquier momento de inactividad para orar.

¿Qué otras áreas se te ocurren en las que los hombres ya están involucrados? ¿Cómo podrías involucrar a esos hombres en el discipulado y ayudarles a sentirse parte del ministerio masculino de tu parroquia? Piensa en los hombres que sirven o participan al:

- Enseñar una clase de educación religiosa
- Trabajar en el sistema de sonido
- Dirigir el RCIA o las clases de formación en la fe para adultos
- Ayudar en el grupo juvenil
- Ayudar en un proyecto de construcción
- Cantar en el coro
- Entrenar a un equipo infantil en una liga deportiva
- Trabajar con la tropa de Boy Scouts

Las formas creativas y únicas de ayudar a los hombres a sentirse parte de lo que Dios está haciendo a través de los hombres de su parroquia son infinitas. Al final, el mensaje debe comunicar que no se trata de un programa al que quieres que los hombres se unan. Ayuda a los hombres a sentir que su parroquia valora y desea que cada hombre aprenda a experimentar el amor de Dios y la confraternidad de otros hombres.

El objetivo de tu ministerio con los hombres es crear un sistema que lleve a los hombres de lo amplio a lo profundo a través de este continuo. Tienes en tu arsenal cada interacción que tu parroquia tiene con cada hombre. En los próximos capítulos, reuniremos estos conceptos en un sistema que mueva la cinta transportadora y conecte estas actividades para que cada hombre de tu parroquia pueda convertirse en un discípulo apasionado de Jesucristo.

Recuerden esto...

- Ninguna actividad por sí sola puede satisfacer las necesidades de todos los hombres de tu parroquia. El punto en el que se encuentre un hombre en su camino espiritual determinará el tipo de ofertas que le resulten atractivas.
- Los líderes deben ponerse de acuerdo sobre el público objetivo de una actividad o programa ministerial.
- Tener una mentalidad de ministerio incluyente para los hombres significa:
  - Todo lo que hace tu parroquia que toque a un hombre es un ministerio de hombres. Todo.
  - El tamaño de tu ministerio para hombres es igual al número total de hombres en tu parroquia, más cada hombre que te gustaría tener en tu parroquia.
  - Debes aprovechar los esfuerzos de los otros ministerios para que te ayuden a lograr tu propósito de formar hombres como discípulos.
- Inspirar a otros líderes de la parroquia para que vean cada interacción que tienen con los hombres como una oportunidad de hacer discípulos.
- Dales a los hombres que trabajan en otros ministerios algo que los identifique como parte del ministerio de hombres, aunque trabajen en el comedor social, como acomodadores o estacionando autos.

Hablen de esto...

1. ¿En qué punto de tu camino espiritual te encuentras? Dedica unos minutos a que cada persona de tu equipo cuente su historia.

2. ¿Qué grupo de hombres se siente más atraído a discipular? ¿Y los otros hombres de tu equipo de discipulado? ¿Parece que se sienten atraídos por un tipo de hombre? ¿Qué diferencia hará esto en términos de dónde enfocas tus esfuerzos como líder?

3. Haz una lluvia de ideas sobre algunas de las actividades en las que participen los hombres de tu parroquia que no sean «ministerio de hombres». ¿Tu parroquia se enfrenta a un «nosotros contra ellos» con estos ministerios? Si es así, ¿cuáles son algunas de las maneras en que puedes superar esto?

4. Enumera algunos pasos concretos que tu ministerio de hombres puede dar para apoyar a los otros ministerios de la parroquia. ¿Cómo podrías ayudarles a discipular a los hombres de manera más eficaz? ¿Hay algún «líder inesperado al que podrías animar con una visión para formar a los hombres como discípulos?

Recen por esto...

Recen juntos como equipo de liderazgo para:

- Que Dios ayude a cada hombre de tu parroquia a avanzar en su camino espiritual.
- Que Dios ayude a cada uno de ustedes a encontrar su llamado (la forma única en que Dios los ha preparado para trabajar con los hombres) y a maximizar el impacto que tienen en los hombres.
- Que otros ministerios de la parroquia vean que el ministerio para hombres está tan comprometido con su éxito como con el suyo propio.
- Que tus sacerdotes y diáconos adopten la mentalidad inclusiva y lleguen a ver su papel como la «punta de lanza» del ministerio masculino de tu parroquia.

TERCERA PARTE

PLANIFICANDO Y EJECUTANDO TU MINISTERIO A LOS HOMBRES

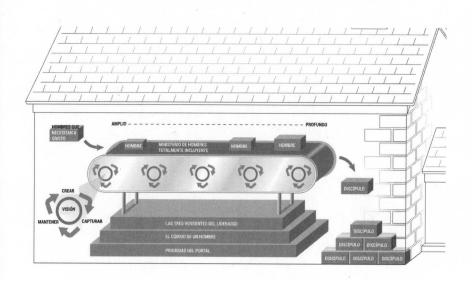

8

VISIÓN: UNA RAZÓN CONVINCENTE PARA QUE LOS HOMBRES SE INVOLUCREN

Toda cinta transportadora tiene un motor que proporciona la energía para mantenerla en movimiento. La energía para tu ministerio de discipulado con los hombres es la estrategia Visión-Creación-Captura-Mantenimiento. *Trataremos estos conceptos en los siguientes cuatro capítulos del libro. Comenzamos ayudándote a inculcar un sentido de misión y visión en los hombres de tu parroquia.*

¿NOS HARÍAS UN FAVOR? Tap Golpea con tu pie mientras lees esta sección del libro.

En serio. No se trata de un simple ejercicio académico en el que entenderás el punto aunque no hagas realmente lo que decimos. Realmente queremos que golpees con tu pie mientras lee las siguientes páginas de este libro. Adelante. Siéntete libre de moverlo muy ligeramente para que la gente que te rodea no piense que eres raro. Solo asegúrate de dar un golpecito con el pie hacia arriba y hacia abajo. ¿Estás dando golpecitos? Bien.

Si detuvieras a un hombre en tu parroquia el domingo por la mañana y le preguntaras por qué está allí, ¿qué te diría? Probablemente escucharías respuestas como: «Venir a misa es lo correcto»; «Quiero asegurarme de que mi familia venga a misa»; «Me gusta adorar»; o, «Me gustan las homilías». Un hombre especialmente transparente podría decir: «Mi mujer quiere que vaya, y no quiero hacerla enojar».

¿Qué pasa con algunos de los hombres que están más involucrados? Si se le pregunta a un acomodador por qué sirve, ¿qué respondería? ¿Qué tal un hombre que ayuda a estacionar los autos? ¿quién canta en el coro? ¿quién lidera un grupo pequeño de hombres? ¿trabaja con el grupo de jóvenes de la escuela media?

(No dejes de dar golpecitos con el pie todavía, confía en nosotros).

Con demasiada frecuencia los hombres van a misa sin ningún sentido real de propósito. Participan en actividades porque se supone que deben hacerlo, o porque alguien se los pide, pero no saben realmente por qué están involucrados. A la mayoría de ellos nunca se les ha dado una razón convincente de por qué la Iglesia debe ser una prioridad en sus vidas. Nunca han escuchado —en un lenguaje que puedan entender— que unirse a Cristo para transformar el mundo es la aventura que siempre han anhelado sus corazones.

SIN RAZÓN APARENTE

¿Sigues dando golpecitos con el pie? Supongamos que este capítulo siguiera y siguiera y que nunca te dijéramos que pararas. ¿Cuánto tiempo seguirías dando golpecitos? Si eres una persona escéptica, puede que des unos cuantos golpecitos y te detengas rápidamente. Si eres una persona especialmente diligente, podrías seguir dando golpecitos con el pie durante cinco o incluso diez minutos. Pero al final todas las personas que lean este libro dejarán de hacerlo. ¿Por qué? Porque se dará cuenta de que estás golpeando con el pie sin ningún motivo.

¿Y si dijéramos: «Golpea con tu pie durante diez minutos y te daremos diez mil dólares»? Casi cualquier hombre estaría dispuesto a hacerlo. ¿Por qué? Porque entiende el objetivo que está tratando de lograr. (No te vamos a dar diez mil dólares, así que si todavía estás dando golpecitos con el pie, puedes parar ahora).

Muchos hombres en las parroquias están «golpeando con los pies» sin saber por qué. Puede que continúen comprometidos durante un tiempo, pero incluso se cansarán, se aburrirán y se desanimarán. Y entonces sus vidas espirituales comenzarán a enfriarse, a marchitarse y a morir.

Estos hombres saben en lo más profundo de su ser que fueron hechos para algo más.

EL PODER DE LA VISIÓN

El primer paso para desarrollar la estrategia correcta es formular tu visión. Dios desea que la parroquia alcance a los hombres con el evangelio de Cristo y les ayude a crecer hasta la madurez. En la Gran Comisión (véase Mateo 28:18-20), Jesús nos llama a hacer discípulos compartiendo Su mensaje. En Efesios 4:11-13, Pablo enseña que Dios da a algunas personas habilidades especiales para proveer a otros para

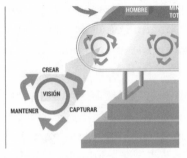

las obras de servicio. Por lo tanto, los líderes están llamados a discipular y proveer a las personas para que puedan hacer el trabajo real del ministerio y madurar para llegar a ser todo lo que Dios los llama a ser.

En el siglo IV a. C., Filipo de Macedonia tomó el control de varias ciudades del norte de Grecia. En Atenas, los dos oradores políticos más grandes de la época, Isócrates y Demóstenes, hablaron sobre el peligro. Ellos debatieron si los atenienses debían atacar a Filipo o esperar a ver si él atacaba Atenas. Isócrates, un maestro, se aseguró de prever bien los hechos. Demóstenes, en cambio, se preocupaba no solo de lo que era «verdadero», sino también de lo que podía «hacerse verdadero» mediante las acciones que defendía.

Se necesita: Más Demóstenes

Ambos hombres abordaron la amenaza que suponía Filipo. Cuando Isócrates terminó de explicar por qué debían esperar, la gente comentó: «¡Qué bien habla!». Pero cuando Demóstenes habló de la amenaza de Filipo, exclamaron: «¡Marchemos contra Filipo!».

Necesitamos más «Demóstenes» (hombres de acción) en nuestras interacciones con los hombres de la parroquia. Hemos engañado a los hombres al ocultar la increíble aventura de cambiar el mundo a través de Cristo detrás de programas y actividades.

Las ideas son más poderosas que el trabajo. Las ideas ponen en movimiento fuerzas que, una vez liberadas, ya no pueden ser contenidas. Estos son algunos ejemplos de ideas importantes expresadas de manera poderosa:

- «Pondremos un hombre en la luna al final del decenio». —John F. Kennedy
- «Una computadora en cada casa y en cada escritorio». —Bill Gates
- «Quiero que cualquier persona del mundo pueda probar una Coca-Cola durante mi vida». —Robert Woodruff, director general de Coca-Cola Company, años 50

¿Las ideas marcan la diferencia? Hoy en día puedes subir a la cima de las montañas más altas de Nepal o bajar al sitio más bajo de la tierra, el Valle de la Muerte, y ¿qué encontrarás? Latas de Coca-Cola vacías. Comunicar la idea correcta de forma convincente es una fuerza poderosa.

Si tus anuncios dicen que tu «ministerio de hombres se reunirá el sábado por la mañana a las 7:00 a. m. para desayunar y confraternizar», eso es una mentira. Puede ser técnicamente exacto, pero es una mentira en todos los aspectos importantes. Tu ministerio de hombres no es una reunión que sigue un programa de actividades. Tu ministerio de hombres se trata de ser parte de lo que Dios está haciendo para transformar vidas a través de los hombres de tu parroquia.

Los hombres están cansados de hacer cosas «solo porque deben» o sin razón aparente. Los hombres —especialmente los más jóvenes—, quieren participar en algo más grande que ellos mismos.

Haciendo que tenga resonancia

Si dijéramos: «Hazlo simplemente», ¿qué imágenes se te vienen a la mente? ¿Y el eslogan «Sé todo lo que puedas ser»? Ambos eslóganes funcionan porque las empresas y organizaciones que están detrás de ellos han gastado una enorme cantidad de tiempo, esfuerzo y dinero para reforzarlos en nuestros corazones y mentes. Las palabras resuenan en nosotros.

Piensa en «Hazlo simplemente». No hay nada en esas tres palabras que mencione el deporte. El eslogan podría haber sido adoptado fácilmente por una agencia de viajes, una empresa de tarjetas de crédito o una empresa de colocación. Pero ya no. Esas palabras serán ahora propiedad de Nike para siempre.

Estas frases resuenan en millones de personas de todo el mundo. ¿Y tus hombres? ¿Te estás comunicando con ellos de una manera que conecte con ellos emocionalmente? Tenemos que ir más allá de la simple transmisión de información a nuestros hombres. En la mayoría de los casos, ellos no necesitan más información; necesitan que Dios despierte sus corazones. Nuestro trabajo es comunicarnos fielmente de manera que despierte la pasión de nuestros hombres por Su gloria.

UN PROCESO PARA
DESARROLLAR TU VISIÓN

La visión de tu ministerio masculino debe estar en consonancia con la visión general y el propósito particular de tu parroquia.

¿Tu parroquia tiene una declaración de propósito, misión o visión? Si es así, escríbela en el espacio provisto o en otra hoja.

_____

_____

_____

_____

_____

Ahora te ayudaremos a formular la visión de tu ministerio masculino en tres pasos: como una *declaración de propósito interno,* un *eslogan externo* y un *discurso de ascensor.*

Primer paso: una declaración de propósito interno para tu ministerio de hombres

¿Tu ministerio de hombres tiene una visión o declaración de propósito? Dediquemos un poco de tiempo ahora mismo a revisar o formar una pensando en algunas de las ideas clave que deberían incluirse. Llamamos a esto una declaración de propósito interna porque debe ser utilizada principalmente con tu equipo de liderazgo como una ayuda en la oración y la planificación estratégica.

Dos de nuestros principios fundamentales son especialmente importantes a la hora de pensar en la visión de tu ministerio masculino. En primer lugar, recuerda que se necesita mucho tiempo para hacer un discípulo. Ten una perspectiva a largo plazo. No busques una solución rápida en unos pocos meses. En cambio, reza y planifica lo que Dios quiere hacer en los próximos cinco o diez años.

En segundo lugar, el cambio más significativo tiene lugar en el contexto de las relaciones. Los hombres cambian cuando interactúan con otros hombres. Tu visión del ministerio de hombres debe incluir el ayudar a los hombres a desarrollar relaciones significativas con otros hombres.

Tal vez quieras tener temas y frases bíblicas reflejadas en tu declaración de propósito interna. Considera los siguientes pasajes de las Escrituras (y otros), y toma nota de las ideas y temas clave que te gustaría considerar para tu declaración de propósito: Proverbios 27:17; Mateo 28:18-20; Gálatas 6:1-2; Efesios 4:11-16; Colosenses 1:28-29; Colosenses 3:19, 21; 2 Timoteo 2:2.

No solo debes saber lo que la Biblia enseña sobre el ministerio a los hombres, sino que debes conocer bien las necesidades prácticas de los hombres de tu comunidad parroquial. No te servirá de nada diseñar un ministerio de hombres que en realidad no llegará a ninguno de tus hombres.

Tómate un breve descanso y dedica unos veinte minutos

al teléfono. Llama a uno, dos o tres hombres representativos de tu parroquia y comunidad. Descubre tus necesidades haciendo preguntas como las siguientes:

- «¿En qué área de tu vida te sientes más seguro?»
- «Si nuestra parroquia pudiera hacer una cosa por ti, ¿qué te gustaría que fuera?»
- «¿Cuál es la experiencia más valiosa que has tenido en la parroquia en el último año?»
- «¿Cuál es la peor experiencia que has tenido en la iglesia en el último año?»

Anota tus respuestas en las líneas siguientes.

_____

_____

_____

_____

Ahora, combina en oración los pensamientos e ideas generados por este material en una declaración de propósito interno para el ministerio de hombres de tu parroquia. Recuerda que una declaración de propósitos dice básicamente lo que vas a hacer y cómo lo vas a hacer.

Sean cuales sean las palabras que utilices, tu propósito debe tener como núcleo el mandato de Jesús de «hacer discípulos».

Este es un ejemplo de declaración de propósito interno del ministerio de hombres: «Alcanzar a los hombres con una oferta creíble del evangelio y proveerlos como líderes transformadores para sus familias, su parroquia, su trabajo y el mundo». (Véase el apéndice B para más ejemplos de declaraciones de visión).

Si tu ministerio masculino tiene una declaración de propósitos, escríbela aquí. En caso contrario, escribe una frase que capte la esencia de lo que crees que Dios quiere que logre el ministerio masculino de tu parroquia.

_____

_____

_____

_____

Step Two: An External Slogan to Challenge Your Men

A continuación, es útil tener un eslogan que resuene con los hombres de tu parroquia. Mientras que tu declaración de propósitos interna traza el rumbo, el eslogan externo ayuda a reclutar al Demóstenes de tu equipo. No cambia ni añade nada a tu declaración de propósitos, sino que la «destila» en un mensaje sencillo y de gran impacto. Puede ayudar a que la visión sea clara, incluso poderosa, para tus hombres. Así es como Kennedy, Gates y Woodruff captaron la imaginación de la gente.

Cuando los hombres escuchan tu eslogan, quieres que recuerden el ministerio convincente que se está llevando a cabo para y por tus hombres. Un eslogan es como una bolsa plástica en el supermercado. Tú no vas a la tienda para conseguir una bolsa; la bolsa te permite llevar todos tus artículos a casa. Un eslogan o una frase que resuene es como una bolsa vacía que llenas con el contenido y las experiencias que apoyan la visión y la misión de tu parroquia. Al cabo de unos años, los hombres que escuchen tu eslogan pensarán automáticamente en el increíble viaje misionero a México, en el asombroso evento de divulgación en tu comunidad, en el día en que techaron la casa de una viuda o en la forma en que su grupo ayudó a un hombre a superar su crisis matrimonial.

¿Cómo llamarás a los hombres para que te acompañen en esta aventura? Bruce Barton dijo una vez: «Jesús hizo surgir los mejores esfuerzos del hombre no con la promesa de una gran recompensa, sino de grandes obstáculos».

Desarrolla una frase o un eslogan resonante que permita a tus hombres saber que realmente quieres trabajar con ellos. Llama a los hombres a unirse a una gran visión de lo que Dios podría hacer en su entorno. Inspíralos a unirse a una causa que literalmente significa la diferencia entre la vida eterna y la muerte para cientos y miles de hombres y sus familias.

Busca una declaración corta, visual, concreta y memorable que resuene en los hombres. Hazla orientada a la acción, más que descriptiva. Imagínate lo que fue para los pescadores rurales escuchar el llamado de Jesús a «hacer discípulos de todas las naciones».

Después de asistir a nuestro Centro de Entrenamiento de Liderazgo, un líder tomó su declaración de propósito exacta, precisa y completamente aburrida y la convirtió en «Entrenando Hombres para la Batalla». El Señor ha usado esto (y otras verdades que aprendió) para dar un nuevo poder a su ministerio a los hombres.

Los siguientes son algunos ejemplos de lemas: Construyendo Hombres de Hierro; Hermanos en la Gran Aventura; Cada Hombre un Discípulo; Alcanzando Hombres, Exaltando a Cristo. Lee el Apéndice B para más ejemplos.

Utiliza el espacio siguiente para probar varios eslóganes y luego elija el mejor.

_____

_____

_____

_____

_____

Además, muchos líderes han encontrado útil tener un nombre resonante para sus ministerios para hombres. El nombre correcto le da a tu ministerio una identidad que es convincente y atractiva. He aquí algunos ejemplos de nombres: Hombres de Fe; Hombres de Hierro; Banda de Hermanos; Hombres de Valor. (Una vez más, se pueden encontrar ideas adicionales en el apéndice B).

Utiliza el espacio siguiente para hacer una lluvia de ideas de nombres. Pruébalos con tu eslogan. Por ejemplo: «Hombres de Fe—Hermanos en la Gran Aventura». (En los ejercicios del capítulo 12, ultimarás el nombre, el eslogan y la declaración de propósito interno).

_____

_____

_____

_____

Tercer paso: *tu discurso de ascensor*

Entrena a tus líderes para que compartan su pasión por tu ministerio masculino con otros hombres. Ayúdales a desarrollar una explicación de cuatro o cinco frases sobre por qué están entusiasmados con lo que Dios está haciendo a través de los hombres de tu parroquia.

Esto se llama un «discurso de ascensor». Imagina que estás subiendo a un ascensor y que uno de los hombres de tu parroquia entra cuando las puertas se están cerrando. Te saluda y te pregunta: «Sé que participas en el ministerio de hombres de la iglesia, y he estado pensando, ¿Por qué debería involucrarme más?». Entonces hunde el botón del quinto piso y tienes menos de un minuto para convencerlo. ¿Qué le vas a decir?

Comienza a entrenar a tus líderes para que den su discurso de ascensor trabajando en un breve guion que contenga:

- *La introducción.* Por ejemplo, «Eddie, me encantaría compartir rápidamente contigo lo que está haciendo Dios en nuestro ministerio con los hombres».
- *La Visión.* «Como sabes, estamos entrenando a los hombres para la batalla. Nada tiene el poder de cambiar el mundo como llegar a los hombres...».
- *Una historia de éxito.* «No sé si conoces a José Aguilar, pero él tiene un gran testimonio de cómo está obrando Dios. Ted Rogers lo invitó a nuestro desayuno de comunión el otoño pasado y José se unió a un pequeño grupo. Ahora José y su esposa se han vuelto muy activos en nuestro grupo. Me emociona pensar que sus tres preciosos hijos tienen un nuevo futuro por delante con un padre piadoso».

- *Un paso siguiente.* «Tenemos algunos ministerios muy buenos en este momento: grupos pequeños, proyectos de servicio y nuestro retiro anual. También, si quieres sentarte en una de nuestras reuniones de liderazgo, nos encantaría que te uniera a nosotros como nuestro invitado. Nuestra próxima reunión es dentro de una semana, el domingo. ¿Te gustaría venir?».

El siguiente es un ejemplo de la vida real. Un miembro del equipo de liderazgo había invitado a un hombre a unirse a su equipo de liderazgo del ministerio de hombres. Después de la primera reunión, su amigo expresó sus dudas sobre si quería participar. Parecían ser solo reuniones y actividades. ¿Qué pretendía realmente el ministerio de hombres?

Ambos acababan de ser testigos de que un hombre de su grupo pequeño había abandonado a su esposa e hijos adolescentes por otra mujer. El líder estaba listo con un discurso de ascensor:

«Bill, ¿recuerdas lo que pasó con Rob? Tú y yo nos sentamos junto a él durante seis meses en nuestro grupo pequeño. ¿Tenías alguna idea de que algo estaba pasando?».

«No», respondió Bill con tristeza. «No la tenía».

«Yo tampoco. Y es por eso que necesitamos un ministerio de hombres. Todos los hombres de nuestra parroquia necesitan a otro hombre que los mire a los ojos y les diga cuando algo esté mal».

En un instante, Bill «lo entendió». Literalmente golpeó la mesa con su mano. «¡Quiero formar parte de eso!».

Saca unos minutos y escribe un discurso de ascensor que explique rápidamente tu visión para el ministerio para hombres en tu parroquia en el espacio siguiente. Utiliza el esquema «Introducción, visión, historia de éxito, paso siguiente». Cronometra tu presentación para asegurarte de que puedes contar la historia en unos sesenta segundos.

Comparte tu discurso de ascensor con otros hombres tan a menudo como puedas. Haz que tus presentadores utilicen su propia versión en cada uno de tus eventos. Utilízalo cuando invites a los hombres a participar en actividades, eventos o grupos. Utilízala cuando te reúnas con posibles líderes. Mantén tu visión frente a tantos hombres como sea posible, tanto como sea posible.

CONCÉNTRATE EN LA VISIÓN EN LUGAR DE CONCENTRARTE EN LOS EVENTOS

Un eslogan externo te ayuda a recordar constantemente a tus hombres que estás haciendo las cosas por una razón. Con demasiada frecuencia, los ministerios masculinos locales paritarios han sido impulsados por los eventos en lugar de la visión. Programamos eventos —como un descanso mensual para hombres o un retiro anual—, y en poco tiempo los hombres perciben que los eventos son el ministerio. Nos desanimamos cuando los hombres no asisten a los eventos porque así medimos la eficacia de nuestro ministerio. Sin embargo, a menudo los hombres no vienen porque no parece haber un propósito mayor en los eventos.

Si no tenemos cuidado, podemos «comenzar» sin saber realmente dónde queremos «terminar». Es fácil quedar atrapado en el ritmo vertiginoso del ministerio a los hombres y «evento» a ti mismo a la mediocridad.

Cada evento que programes como parte de tu ministerio a los hombres debe servir a tu visión general. En el evento, comunica explícitamente a los hombres cómo este evento encaja en el contexto más amplio de tu ministerio y la visión de la parroquia. Explica lo que esperas conseguir y cómo contribuye a tus objetivos generales. Utiliza tu eslogan externo una y otra vez para reforzar esta visión.

SÉ POSITIVO, NO NEGATIVO

Los hombres quieren responder a un reto. No quieren que les griten. Asegúrate de formular una visión con una agenda positiva sobre lo que Dios puede hacer, en lugar de un reproche negativo sobre lo mal que lo están haciendo los hombres. Los hombres no responden bien cuando les hablamos con desprecio. Utiliza un enfoque positivo para atraer a los hombres hacia el gran llamado que Dios les ha dado, en lugar de reprenderlos para que dejen atrás cosas menores.

Sería imposible enfatizar demasiado la importancia de desarrollar y compartir la visión de tu ministerio de hombres (usando la declaración de propósito interno, el eslogan externo y el discurso de ascensor). Es el ingrediente más importante para crear el tipo de ambiente que Dios utiliza para cambiar la vida espiritual de los hombres.

Recuerden esto...

- La mayoría de los hombres de hoy en día se sienten aburridos y excluidos de sus parroquias. Están golpeando con sus pies. ¿Tus hombres están dando golpecitos con los suyos? ¿Por qué no los llamas a algo grande y ves cómo responden?
- Los hombres están cansados de hacer cosas «solo porque deben» o sin razón aparente. Los hombres quieren participar en algo más grande que ellos.
- Tu visión debe ser un llamado resonante a la acción, un desafío convincente y una promesa de que los hombres irán a algún lugar que valga la pena.
- Tu visión para el ministerio de hombres tiene tres componentes:
  - Una declaración de propósito interno. Esto responde a lo que harás y cómo lo harás.
  - Un eslogan externo. Esta es la cara pública de tu ministerio de hombres y debes hacer que los hombres digan: «¡Quiero ser parte de eso!».
  - Un discurso de ascensor. Cada líder debe estar equipado con una explicación de sesenta segundos de la visión del ministerio de hombres, por qué un hombre querría participar y una invitación a hacer algo.
- Cada evento que programes como parte de tu ministerio a los hombres debe servir a tu visión general. Si no es así, cancélalo.

Hablen de esto...

1. Los hombres quieren ser parte de algo que vaya a alguna parte. ¿Cómo te has sentido frustrado en el pasado por ser parte de un grupo que parecía carecer de dirección y visión?

2. ¿Estás ofreciendo a los hombres de tu parroquia una oportunidad de pertenecer a algo más grande que ellos? Piensa en los últimos eventos que ha organizado tu parroquia para los hombres. ¿Pusiste esos eventos en el contexto de una visión más amplia? ¿Comunicaste esa visión más amplia a los hombres cuando anunciaste o invitaste a los hombres a la actividad? ¿Cómo puede mejorar esto para las próximas actividades?

3. En un rotafolio o tablero, redacte o perfecciona la declaración de propósitos internos de tu ministerio de hombres, basándote en las aportaciones de tu pastor y de los demás. Utiliza el trabajo que hiciste al leer este capítulo. Redacta una declaración interna en grupo y escríbela en el espacio que aparece a continuación.

4. Para llamar efectivamente a los hombres a participar en el proceso de discipulado, deberás captar su atención y desafiarlos a crecer. Elige uno de tus lemas, afínalo y escribe la declaración en el espacio de abajo. Luego, elige el nombre de tu ministerio y haz lo mismo con él. Tómate un tiempo para discutir cómo lo vas a utilizar.

5. Permite que cada hombre de tu equipo de liderazgo comparta su discurso de ascensor. Haz sugerencias sobre cómo puedes comenzar a compartirlas con otros hombres.

Recen por esto...

Recen juntos como equipo de liderazgo:

- Para que Dios inspire a tu equipo y le dé una visión convincente para tus hombres.
- Para que te guíe mientras desarrollas herramientas para comunicar esta visión.
- Para que Dios ayude a los hombres a ver claramente la gran aventura de seguir a Jesucristo.

9

CREA UN IMPULSO PROPORCIONANDO VALOR

Después de definir una visión y comenzar a comunicarla de manera consistente, ¿cómo logras que los hombres comiencen a moverse en su camino espiritual? La clave para ayudar a un hombre inmóvil a moverse es creando valor para él. Conoce a tus hombres, y luego alcanza a ellos en formas que sean relevantes para sus vidas. Este capítulo te ayudará a saber cómo crear un impulso efectivo con todos tus hombres.

UNA DE LAS VENTAJAS DE VIVIR en el centro de Florida es nuestra proximidad a Cabo Cañaveral, donde se lanzan los transbordadores espaciales. Es bastante sorprendente ver esta gigantesca máquina atada a cohetes externos y a un enorme tanque de combustible, ubicado en su cola y apuntando hacia el cielo. Las voces de los controladores son tranquilas y mesuradas mientras marcan los puntos de control en el conteo regresivo hasta llegar a cero.

«¡Encendido!». El vapor comienza a salir y luego el humo

empieza a ondear. El transbordador se estremece durante un momento o dos y luego —apenas perceptiblemente— comienza a despegar de la plataforma. Al principio se mueve con tanta lentitud que uno casi espera que se caiga. Al fin y al cabo, una vez que abandona el suelo, está sentado sobre los gases calientes de los motores de los cohetes. Y entonces: «El transbordador ha superado la torre». Ahora está definitivamente subiendo, moviéndose más y más rápido. En pocos minutos, está viajando a 17.000 millas por hora. Desde cientos de millas de distancia, los espectadores pueden ver la llama brillante mientras se eleva en un arco hacia la órbita.

El tanque de combustible externo del transbordador es enorme. Contiene 500.000 galones de combustible para cohetes, que se consumen en unos cinco minutos. Después, el transbordador viaja otros cuatro millones de millas con un pequeño cubo de combustible.

La mayor cantidad de energía requerida en la naturaleza es la necesaria para vencer la inercia y poner en movimiento un objeto inmóvil, como el transbordador espacial. La superación de la inercia espiritual es la misma. Estamos rodeados de hombres que son espiritualmente estacionarios.

DOS RASGOS COMUNES DE LOS HOMBRES

Los hombres presentan dos rasgos comunes: algunos están ocupados y otros están cansados. La mayoría son ambas cosas.

Hay un tremendo volumen de ruido en nuestras vidas. Vivimos en un mundo de carreras rápidas, conexiones a Internet de alta velocidad y créditos fáciles. Durante toda la semana los hombres son bombardeados por los medios de comunicación, sus compañeros de trabajo, sus jefes, su familia... todo el mundo quiere algo.

No es de extrañar que los hombres rara vez se tomen tiempo para el autoexamen espiritual. Muchos asisten a misa solo por obligación, si es que lo hacen. Otros se invierten en la iglesia con la esperanza de sentirse necesarios y exitosos. Mira si reconoces a alguno de estos hipotéticos hombres:

Juan asiste a misa porque siente que es algo que debe hacer por su familia. Su mujer quiere que vaya a misa, y él está de acuerdo con ella en que es una buena idea para que sus hijos reciban cierta instrucción moral y religiosa (además de los sacramentos). Él cumple con los requisitos —asistir a misa, enviar a los niños a las clases de educación religiosa, poner un sobre en la canasta—, pero no busca activamente una relación con Jesucristo. Así que va, pero sobre todo para mirar, no para participar. Juan es un turista en la misa. Disfruta de la experiencia mientras está allí, pero luego se va a casa y la vida vuelve a la normalidad.

A Frank, en cambio, le encanta la misa. Le hace sentir que es necesaria, que está haciendo una contribución. Asiste a la misa todos los domingos y participa en varios comités y juntas. No deja de decir que le gustaría estar más involucrado con los hombres, pero no está en un grupo pequeño, ni parece tener verdaderos amigos en la parroquia. Cuando lo invitan a participar en un evento para hombres o a ir al retiro para hombres, lamenta no aceptar porque está «demasiado ocupado».

Juan y Frank son católicos culturales. Aunque parecen diferentes por fuera, por dentro son prácticamente idénticos. Son espiritualmente inmóviles. Están centrados en sí mismos. Un gran reto para los líderes es sacar a personas como Juan y Frank de los cómodos patrones que utilizan para relegar a Dios. (Por supuesto, nos enfrentamos a un reto igual de grande con los tipos que nos gustaría atraer y que no están en nuestra parroquia).

Irónicamente, tanto Juan como Frank probablemente responderían si se les presentara un desafío convincente.

El discipulado es un viaje espiritual, y como dice el refrán: «Un viaje de mil millas comienza con el primer paso». Entonces, ¿cómo logramos que los hombres den ese primer paso —o para algunos, el siguiente paso— en este viaje espiritual? En el último capítulo discutimos el primer paso: comunicar claramente una visión convincente para tu ministerio masculino. ¿Qué es lo siguiente?

OFRECE ALGO DE VALOR

Llama la atención de un hombre ofreciéndole algo que le resulte valioso. Los hombres cansados necesitan creer que involucrarse valdrá el esfuerzo. Los hombres ocupados necesitan creer que de todas las oportunidades que claman por su tiempo, la que tú le ofreces es de primera categoría. En resumen, tienes que mostrarles el valor de involucrarse.

Cuando creas valor con una actividad, creas momento, la primera marcha que impulsa la cinta transportadora de tu proceso de discipulado.

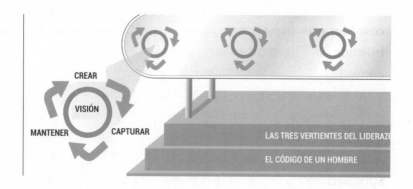

Con frecuencia, proporcionamos valor a los hombres con algún tipo de experiencia o actividad: una conferencia de hombres católicos, el retiro de hombres o un asado. Pero no tiene por qué ser un gran evento. A menudo, lo más valioso para un hombre es un tiempo personal, como invitarlo a desayunar o a comer. Busca cualquier cosa que obligue a un hombre a dar un paso adelante en su camino espiritual.

Hoy en día no hay escasez de actividades para los hombres. Un pequeño análisis te dará las ideas que necesitas para llamar la atención de tus hombres. Tendrás que responder estas dos preguntas:

- ¿Qué tipo de hombres estamos tratando de alcanzar?
- ¿Qué tipo de cosas les interesarán?

CONOCE A TUS HOMBRES: CINCO TIPOS

Mientras diseñas una estrategia para crear un impulso entre tus hombres, querrás dedicar algún tiempo a clasificar a los hombres de tu parroquia, tal vez por edad o situación vital. A continuación se presenta la tipología de Hombre en el espejo que las iglesias utilizan para ayudar a dirigir sus esfuerzos. Todos los hombres de tu parroquia encajan en una o más de las siguientes cinco categorías:

- Tipo 1: Hombres que *necesitan* una relación con *Cristo*: Romanos 6:23; 1 Juan 5:11-12
- Tipo 2: Hombres que son católicos *no comprometidos* (hombres en la «marginalidad»): Mateo 13:22
- Tipo 3: Hombres que son católicos *maduros*, o que quieren serlo: Mateo 13:23
- Tipo 4: Hombres que son *líderes*, o quieren serlo: 2 Timoteo 2:2
- Tipo 5: Hombres que *sufriendo*: Gálatas 6:2

Tipo 1: *Hombres que necesitan una relación con Cristo*

Estos son hombres que no son cristianos y saben que no lo son. Pocos o ninguno de estos hombres van a misa. Tendrás que salir de la parroquia para atraer a estos hombres.

Tómate unos momentos para pensar en los hombres relacionados con tu parroquia que pueden necesitar a Cristo. ¿Cómo son estos hombres?

- Un hombre que viene ocasionalmente con su familia (piensa en Navidad o en Pascua)
- Un vecino o compañero de trabajo que alguien trajo a la barbacoa de hombres o a la fiesta del Super Bowl
- Chicos que juegan en el equipo de *softbol* de la parroquia o que aparecen para el «baloncesto del viernes por la noche» en el gimnasio de tu parroquia
- Un hombre que viene a la obra de Navidad

- Un hombre que viene cuando sus hijos actúan en el coro de niños o a los eventos de la escuela católica en los que participan sus hijos
- Un hombre que asiste al servicio del Miércoles de Ceniza para recibir la ceniza en su frente o el Domingo de Ramos para obtener su rama de palma para el año.

Imagina a estos hombres en tu mente. Escribe sus nombres. ¿Cómo los describirías?

Tipo 2: Hombres que son católicos no comprometidos

Estos hombres son de dos tipos: Juan y Frank (de nuestra historia anterior en el capítulo). Si eres un líder, estos son los hombres que probablemente te frustran más. A menudo parecen dispuestos a comprometerse, diciéndote lo que quieres oír, pero luego se echan atrás en el último segundo.

Juan es el típico hombre de la periferia de la parroquia. Puede que asista a la misa con cierta regularidad, pero no se involucra mucho más allá de eso. Hay muchos hombres dentro o fuera de las puertas de la parroquia.

Frank, por otro lado, está muy involucrado, pero utiliza su ocupación en la parroquia para mantener a los demás a distancia. Puede que en algún momento haya tenido una fe vibrante, pero el trabajo de la parroquia ha abrumado su amor por Cristo. Mucha gente sabe quién es Frank, pero nadie lo conoce realmente.

La única manera de llegar a hombres como Juan y Frank es a través de otros hombres que se interesan personalmente por sus vidas. Esto puede ser difícil, porque es probable que Frank te rechace las primeras veces. No te molestes. Sigue intentándolo. Al final, cuando estén preparados, abrirán la puerta a una relación más profunda. Asegúrate de que alguien esté ahí para aprovechar la oportunidad.

Imagina a estos hombres en tu mente. ¿Cómo se llaman? Descríbalos con sus propias palabras.

Tipo 3: *Hombres que son católicos maduros, o que quieren serlo*

Estos hombres son el «pan de cada día» de tu ministerio. Estos hombres, especialmente los que se encuentran en las primeras etapas de su camino espiritual, están dispuestos a desarrollar su fe. Algunos están activamente comprometidos, mientras que otros están esperando que alguien les muestre qué hacer.

Hay tres cosas que tienen un atractivo especial para este tipo de hombres: aprender, servir y liderar. En primer lugar, aprenden respondiendo a las oportunidades de servir en la parroquia, estudiando las Escrituras y desarrollando su fe. Por eso estos hombres llenan los grupos pequeños y las clases de educación para adultos. En segundo lugar, una vez que los católicos maduros prueban a servir —en el albergue para indigentes o haciendo trabajos de jardinería para una viuda, por ejemplo—, a menudo se entusiasman y siguen viniendo. Por último, estos son sus candidatos para comenzar a explorar el liderazgo. Se unirán a una clase de formación de oficiales o estarán dispuestos a sustituir a un acomodador que falte o a un maestro de escuela dominical enfermo.

Es fácil dar por sentado a estos hombres. Después de todo, hacen prácticamente lo que se les pide. Responden a los anuncios, se inscriben en la mesa exterior después de la misa y se presentan al proyecto de trabajo del sábado por la mañana. Por supuesto, constituyen un porcentaje mucho mayor de los chicos que se presentan a las actividades masculinas. Pero ten cuidado: debes desafiar a estos hombres para que sigan creciendo. Los hombres aburridos —incluso los católicos maduros—, son blancos fáciles para la distracción y el pecado. Debes estar atento a los hombres que están «golpeando con los pies».

¿Hay hombres específicos que te hayan venido a la mente al leer sobre los católicos maduros? Imagina a estos hombres en tu mente. ¿Cómo se llaman? Descríbelos con tus propias palabras.

_____

_____

_____

_____

_____

Tipo 4: Hombres que son líderes, o quieren serlo

En este momento probablemente estés pensando: ¡Ah, vaya,

me gustaría tener más líderes! Puede que tengas más de los que crees. Un líder es cualquier persona que asume la responsabilidad de conseguir algo y que influye en otros para que se unan a él en el esfuerzo. Una vez que un hombre comienza a preocuparse por alcanzar y discipular a otros hombres, se ha convertido en un líder.

Los hombres en tus equipos y comités ministeriales son líderes, por supuesto. Los hombres que dirigen grupos pequeños y enseñan clases de formación de fe para adultos son obviamente líderes también. Pero también lo son el acomodador principal, el capitán del equipo de softbol, el trabajador con la juventud que asesora a un niño sin padre, el hombre que coloca las sillas cada semana, y otros líderes invisibles e inesperados.

Tal vez pienses que no necesita crear valor para estos hombres. «Ellos ya están involucrados. Ya se han convencido de lo que la iglesia está tratando de hacer». Sí, pero a menudo también están ocupados y cansados. Estos hombres necesitan que tú les ayudes constantemente a recordar por qué se involucraron en primer lugar.

¿Quiénes son los líderes de tu parroquia? Escribe los nombres de los líderes «esperados» e «inesperados». ¿Cómo describirías a estos hombres? ¿Están entusiasmados? ¿Están cansados? ¿Qué necesitan?

Tipo 5: Hombres que están sufriendo

Independientemente de su madurez espiritual, todos los hombres pasan por dificultades en varios momentos de sus vidas. En cualquier momento, incluso la mitad de los hombres de tu parroquia pueden estar atravesando problemas matrimoniales, problemas financieros, luchando con un hijo caprichoso, involucrándose con la pornografía en Internet, lidiando con la pérdida de un trabajo, o luchando con la crisis de salud de un ser querido.

¿Cuáles son los dos o tres problemas más importantes a los que se enfrentan los hombres que están sufriendo? ¿Podrían estos hombres recibir ayuda en tu parroquia? Asegúrate de apoyar a los hombres de forma que les resulte fácil pedir ayuda. Hubo una vez un anuncio real en un boletín de la iglesia que decía algo así: «Hombres, ¿están luchando con sentimientos de depresión debido a problemas financieros o matrimoniales? A veces ayuda tener alguien con quien hablar. Llama a nuestro centro de asesoramiento para concertar una cita confidencial hoy mismo al 555-1234. Pregunta por Susan». Aunque este es un gran anuncio que les dice a los chicos que está bien pedir ayuda, muy pocos hombres llamarán a una desconocida llamada Susan.

En las clases de formación, se pidió a los hombres que consideraran la proporción de estos grupos en sus parroquias. En la siguiente tabla se incluye la gama básica de respuestas. ¿Y en tu parroquia? Calcula tus propias cifras, tanto en porcentajes como en números reales. Al final del capítulo, utilizarás esta información para evaluar tus esfuerzos actuales para llegar a los hombres.

Nivel de Desarrollo Espiritual en Nuestra Parroquia			
Nuestra parroquia	**# de hombres**	**% de hombres**	**Iglesias de muestra**
Hombres que necesitan a Cristo	_____	_____	1–15%
Hombres católicos no compro-	_____	_____	35–70%
metidos	_____	_____	10–40%
Hombres católicos maduros	_____	_____	5 –15%

FIGURE 7

LOS CINCO TIPOS DE HOMBRES EN EL CONTINUO

Volvamos a ver el continuo de amplio a profundo del capítulo 2. Si colocáramos cada tipo de hombre a lo largo del continuo en el punto que mejor lo describa, se vería así:

Tipo 1:	Tipo 2:	Tipo 3:	Tipo 4:
Necesitan a Cristo	**No compro- metidos**	**Católicos mad- uros**	**Líderes**

AMPLIO –PROFUNDO

Nota: Tipo 5: los hombres que están sufriendo están en cada uno de los otros

El continuo de amplio a profundo sirve como metáfora del desarrollo espiritual del hombre. A medida que un hombre avanza en su viaje espiritual hacia Cristo, también se mueve hacia abajo en este continuo.

El continuo es una herramienta de planificación útil. No existe una actividad masculina que sirva para todos. Es importante tener en cuenta a qué grupo de hombres se intenta llegar con cualquier evento que se planifique para los hombres.

Elección de actividades a lo largo del continuo

La figura 8 muestra un continuo dibujado con los cuatro tipos de hombres etiquetados de manera que forma cuatro columnas. (Recuerda que hay hombres que están sufriendo en cada categoría). El gráfico se titula «Actividades del ministerio de hombres por tipo». Debajo de cada tipo de hombre, haz una lista de las clases de actividades que crees que cada tipo de hombre podría disfrutar. Para empezar, hemos puesto varios ejemplos. Añade tus propias ideas en los espacios en blanco.

Nivel de desarrollo espiritual en nuestra parroquia			
Tipo 1: **Necesitan a Cristo**	Tipo 2: **No comprometidos**	Tipo 3: **Católicos maduros**	Tipo 4: **Líderes**
AMPLIO			PROFUNDO
Deportes/actividades al aire libre	Seminarios	Retiros	Formación de líderes
Eventos en los que participan sus hijos	Educación de adultos	Grupos pequeños	Grupos de rendición de cuentas
	Proyectos de servicio	Viajes de misioneros	

FIGURA 8

Gestión de tus expectativas

El continuo también puede ayudarte a gestionar tus expectativas. Un año, una parroquia de unos ochocientos habitantes invitó a Hombre en el espejo a realizar un seminario de *Un éxito que importa*. Más de 120 hombres asistieron al seminario. El seguimiento fue muy bien recibido y el seminario creó un gran impulso.

Al año siguiente, la misma parroquia realizó otro seminario, y esta vez uno de los autores del libro original (*Ningún hombre fue dejado atrás*) fue llamado para dirigir *Llevar una vida orientada a la misión*. Llegó y se reunió con los miembros del equipo de liderazgo, que estaban un poco abatidos. Solo tenían setenta y cinco hombres inscritos para el evento y no podían entender por qué. Pero las cosas estaban mejor de lo que pensaban.

Dibujó un cuadro del continuo en un tablero y, tras una breve explicación de los tipos de hombres, preguntó a los líderes cuántos de sus hombres encajaban en cada grupo. Escribió sus respuestas en el tablero. Determinaron que de los aproximadamente 350 hombres de su parroquia, 230 eran hombres que necesitan a Cristo o católicos no comprometidos; los 120 restantes eran católicos maduros o líderes. A continuación, explicó que el seminario *Un éxito que importa* está dirigido a esos hombres que necesitan a Cristo o que están al margen. El material de *marketing* se centra en los hombres que intentan equilibrar el trabajo, el matrimonio, los hijos, las aficiones, las finanzas y los intereses recreativos. Plantea la siguiente pregunta: «¿Has pensado alguna vez que la vida tiene que ser algo más que esto?». De los 120 hombres que asistieron a ese evento, unos ochenta necesitaban a Cristo o eran católicos no comprometidos. Los otros cuarenta eran católicos maduros o líderes.

Pero *Llevar una vida orientada a la misión* está más dirigido a los cristianos maduros o a los líderes. En el continuo, *Un éxito que importa* se sitúa más cerca del lado amplio; *Llevar una vida orientada a la misión* se sitúa más lejos del lado profundo. Por lo tanto, los setenta y cinco hombres que asistieron a este seminario representaban más de la mitad del grupo objetivo de este evento. En otras palabras, aunque el número total de asistentes fue menor, el porcentaje de hombres en el grupo objetivo fue en realidad mayor.

Al final de la reunión, el gráfico era más o menos así:

800 personas y 350 hombres			
Tipo 1: **Necesitan a Cristo** 5%=20 men	Tipo 2: **No comprometidos** 60%=220 men	Tipo 3: **Católicos maduros** 25%=85 men	Tipo 4: **Líderes** 10%=35 men

AMPLIO – PROFUNDO

Total de 230 de 350 hombres	**Total de 120 de 350 hombres**
PRIMER AÑO **"Éxito que importa"** Objetivo: hombres marginados Asistencia: 120 hombres Número en la audiencia objetivo: 80, aproximadamente el 25% del público objetivo	**SEGUNDO AÑO** **"Llevar una vida orientada a la misión"** Objetivo: católicos maduros/líderes Asistencia: 75 hombres, casi todos católicos maduros/líderes Número en el público objetivo: 80, más del 50% del público objetivo primario

El evento *Llevar una vida orientada a la misión* alcanzó un mayor porcentaje del mercado objetivo. En otras palabras, puede que fuera poco realista esperar que hubiera 120 hombres en el evento *Llevar una vida orientada a la misión*, ¡y quizá deberían haber tenido incluso más hombres el año anterior! Este análisis les ayudó a gestionar sus expectativas sobre cuántos hombres deberían acudir a una actividad. También podría ayudarte a ti.

SI QUIERES QUE LOS HOMBRES VENGAN, TIENES QUE PREGUNTARLES

Prepárate. Está a punto de leer un «plan de *marketing*» infalible para conseguir que los hombres de tu parroquia acudan a tu próximo evento. ¿Estás preparado?

En primer lugar, crea un folleto en cuatro colores para tu evento con gráficos de vanguardia y entrégalo a todos los hombres. Después de cada misa, reparte avisos a cada hombre anunciando el evento. A continuación, haz una presentación animada en PowerPoint para mostrarla en la pantalla antes de cada misa a partir de dos meses antes del evento. Tendrás que poner algunos anuncios de radio en las emisoras cristianas locales. A continuación, sal y compra al menos una valla publicitaria y colócala en todas las vías principales que lleven a tu parroquia para anunciar tu evento. Ve al aeropuerto local y paga por una «publicidad aérea» para que la semana anterior a tu evento los hombres puedan mirar hacia arriba y ver «Asado para hombres el próximo viernes» escrito en el cielo. Por último, dale a tu pastor una tarjeta de regalo de Starbucks para que la anuncie desde el púlpito. Todo el mundo sabe que si el pastor les dice a los hombres lo que tienen que hacer, lo harán.

Bien, a estas alturas te habrás dado cuenta de que el plan anterior no solo es un poco caro, sino que probablemente tampoco sea efectivo. Es solo una fórmula para conseguir que vayan los hombres que iban a asistir de todos modos.

El poder de una invitación personal

Si quieres que vengan nuevos hombres, debes añadir una estrategia a tus promociones: *las invitaciones personales*. Todos tus folletos, anuncios y diapositivas de PowerPoint consiguen una cosa: hacen más probable que un hombre diga que sí cuando *alguien le pide que vaya*.

Tiene sentido, ¿verdad? Piensa en cómo la mayoría de los hombres católicos llegan a una relación personal con Cristo. No van conduciendo por la calle y ven una de esas vallas publicitarias de Dios y dicen: «Tengo que convertirme en un 'buen católico' y pedirle a Jesucristo que sea mi Señor y Salvador». No dicen: «Me voy a casa y veo toda la EWTN que pueda». ¡No! Alguien los introdujo o reintrodujo en su fe católica y dedicó tiempo a reflejarles el evangelio mediante la vida católica que llevaban, y luego les preguntó si querían caminar más cerca de Cristo en su propia vida.

Según las encuestas de Religion in American Life (La religión en la vida norteamericana), solo el dos o el tres por ciento de las personas acuden a las iglesias por la publicidad, mientras que el 85 por ciento lo hace por invitación de un amigo o familiar. La mayoría de los catecúmenos y candidatos que entran en el RCIA (Rito de iniciación cristiana para adultos) están allí porque han sido invitados por un amigo a ir a aprender un poco más sobre la Iglesia Católica. Los hombres necesitan ser invitados personalmente. Asistirán a algo con un amigo, pues de lo contrario nunca irían solos.

De cero a cincuenta

En una parroquia, el equipo directivo decidió organizar varios eventos para crear una comunidad entre sus hombres. El primero fue un día de actividades para padres e hijos. Lo anunciaron en el boletín, enviaron correos electrónicos e incluso el pastor lo mencionó desde el púlpito. Y cuando llegó el sábado, el equipo de líderes se reunió para saludar y servir a los hombres y niños que venían.

Esperaron. Esperaron un poco más. Al final, aparte de ellos, no vino exactamente nadie: cero hombres. (Estaban pensando en solicitar el *Récord Mundial Guinness* por el evento parroquial de hombres menos exitoso).

El siguiente evento programado fue una noche de bolos en enero. Aunque un poco desanimados, decidieron seguir adelante con su plan. Uno de los líderes había sugerido que la noche de bolos fuera una competición. Se reclutaron once capitanes, cada uno de los cuales era responsable de invitar a otros cuatro hombres a formar parte de su equipo. La noche del evento, se presentaron cincuenta y cuatro hombres, la mayor cantidad que jamás habían tenido para este tipo de actividad masculina. (Dieron insignias de bonificación a los miembros del equipo que no asistían a misa con regularidad, y tuvieron once hombres no creyentes en el evento).

¿Por qué funcionó? Solo tuvieron que inscribir a once hombres para el evento, y luego esos once salieron y reclutaron personalmente a los otros cuarenta y tres. Si quieres que los hombres asistan, invítalos personalmente.

DALES A LOS HOMBRES LO QUE NECESITAN EN EL CONTEXTO DE LO QUE QUIEREN

¿Cómo puedes llegar a los hombres marginados sin ser «predicador»?

Un modelo de enseñanza bíblica es: «¿Qué necesitan los hombres para hacer?». El modelo de El Hombre en el espejo ha sido: «Qué necesitan los hombres que estén dispuestos a hacer?». En otras palabras, si un hombre necesita considerar veinte áreas, pero solo está lo suficientemente avanzado en su viaje espiritual para comprometerse con tres de esas áreas, no tiene sentido hablar de las otras diecisiete. En su lugar, céntrate en las tres, guíalo, y luego añade otros temas a medida que crezca.

La mayoría de los hombres nominalmente comprometidos se centrarán, al menos al principio, en sus necesidades sentidas: carrera, dinero, familia, gestión del tiempo, etc. Eso está bien. Habla con ellos sobre el dinero y muéstrales lo que Jesús tiene que decir al respecto. En otras palabras, dale a los hombres lo que necesitan en el contexto de lo que quieren.

La GRAN Idea

Dales a los hombres lo que necesitan en el contexto de lo que quieren.

Dado que nuestro mensaje se basa en la verdad de las Escrituras y las enseñanzas de la Iglesia, debemos ser relevantes sin comprometer nunca lo que es real. Francis Schaeffer dijo: «Cada generación de la iglesia en cada entorno tiene la responsabilidad de comunicar el evangelio en términos comprensibles, considerando el lenguaje y las formas de pensamiento de ese entorno». Debemos decir la verdad de Dios a los hombres en un lenguaje que puedan entender.

Por ejemplo, si tratas de llegar a hombres que necesitan a Cristo, invitarlos a una clase de treinta y seis semanas sobre la espiritualidad de San Ignacio de Loyola probablemente no va a funcionar. Por otro lado, no puedes esperar que tus hombres crezcan si todo lo que ofreces son eventos deportivos y asados.

ALGUNAS DIRECTRICES FINALES

Cuando trabajes con hombres —en cualquier nivel de madurez espiritual—, una buena regla es: no los engañes. No utilices actividades que parezcan divertidas para atraer a los hombres y luego te pongas superespiritual con ellos. Esto es lo que hacen los desprogramadores de cultos, no los hombres que quieren alcanzar a otros hombres para Cristo.

Estas son otras pautas para las actividades que atraerán a los hombres que necesitan a Cristo y a los hombres marginados:

Sí. . .	No . . .
• Organiza eventos centrados en las necesidades sentidas: finanzas, matrimonio, carrera, ocio. • Incorpora el ocio o las aficiones: deportes, autos, películas. • Anuncia honestamente: sí, es una iglesia católica. Sí, hablaremos de Dios en algún momento. Sí, lo haremos divertido y atractivo. • Diviértanse. • Haz que sea fácil y natural para los hombres comenzar a desarrollar relaciones. • Dales el «siguiente paso». Invítalos a volver para algo más. • Haz que los hombres quieran volver. • Piensa a largo plazo, sin presiones.	• Te apoyes únicamente en eventos centrados en las necesidades puramente espirituales: oración, estudio bíblico, adoración. • Incorpores actividades que incomoden a los católicos nominales: oraciones largas, cantar varios himnos seguidos, citar a oradores demasiado piadosos o unir las manos. • Pongas un cebo y luego cambies: «Antes de jugar baloncesto, tenemos una pequeña película espiritual de treinta y cinco minutos que nos gustaría mostrarles». • Hagas que los hombres se sientan culpables. • Ignores al hombre nuevo ni crees ejercicios artificiales para que los hombres hablen. • Hagas que se imaginen lo que deben hacer después si están interesados. • Los alejes al ser demasiado «eclesiástico». • Olvides que se necesita mucho tiempo para hacer un discípulo.

Para obtener ideas más específicas sobre las actividades para alcanzar a los diferentes tipos de hombres, dirígete al Apéndice C: «Creando el impulso para los cinco tipos de hombres».

Muchas parroquias hacen un buen trabajo al crear un impulso. El siguiente capítulo te ayudará a asegurarte de que estas actividades acerquen a los hombres a Cristo en lugar de que se conviertan en otra experiencia emocionalmente satisfactoria. Para mantener a los hombres en movimiento espiritual, una idea marca la diferencia: es absolutamente esencial que en cada instancia capturemos el impulso que creamos.

Recuerden esto...

- Con frecuencia, el mayor desafío que enfrentamos es sacar a los hombres de los patrones cómodos que utilizan para ignorar a Dios.
- Para que los hombres decidan participar en una actividad de discipulado, debemos convencerlos del valor.
- Puede ser útil pensar en cinco tipos de hombres: hombres que necesitan a Cristo, hombres que son católicos no comprometidos, hombres que son católicos maduros, hombres que son líderes, y hombres que están sufriendo.
- Para aportar valor, hay que ir al encuentro de los hombres allí donde están. Diferentes actividades atraen a diferentes tipos de hombres.
- Las invitaciones personales son la clave para conseguir que los hombres asistan. Todos tus esfuerzos de promoción solo

harán que sea más probable que digan que sí cuando alguien se los pida.

- Ofrece a los hombres lo que necesitan en el contexto de lo que quieren.

Hablen de esto...

1. ¿Cuándo fue la última vez que hiciste algo positivo fuera de tu «zona de confort»? ¿Qué te llevó a dar ese paso? ¿Cómo puede ayudar esto a la hora de considerar cómo conseguir que nuevos hombres se involucren?

2. Piensa en el último gran evento que hiciste para los hombres. ¿En qué grupo de hombres se centró? ¿Ayudó el evento a lograr tu propósito? ¿Cómo se enteró la gente del evento? ¿Fueron los hombres invitados personalmente por otros hombres a asistir?

3. Piensa en los hombres de tu parroquia que son católicos no comprometidos. ¿Cuáles son algunas de las cosas que podrían sacar a esos hombres de los márgenes espirituales y meterlos en el juego?

4. Como equipo, utilicen el cuadro de continuidad de la página siguiente para recopilar el trabajo que hicieron anteriormente en el capítulo. Escribe los tipos de hombres en la parte superior y los porcentajes estimados en tu parroquia. Debajo de la línea, escribe las actividades que tu parroquia realiza actualmente —sean o no solo para hombres—, colocándolas en el punto aproximado del continuo para representar el grupo o grupos de hombres a los que llegan.

5. Considera el porcentaje de cada tipo de hombre en tu parroquia. ¿Hay grupos a los que te diriges en exceso? ¿Hay grupos de hombres en tu parroquia a los que tus esfuerzos actuales no llegan? ¿Cómo podrías ajustar lo que estás haciendo ahora para ayudar a alcanzar a todos los hombres de tu parroquia?

Recen por esto...

Recen juntos como equipo de liderazgo:
- Para que los hombres de tu parroquia se den cuenta de su necesidad de Dios y vean tus programas de discipulado como una forma de buscarlo.
- Por cada uno de los cinco tipos diferentes de hombres en tu parroquia, piensa en algunos hombres de cada categoría y reza por ellos diciendo su nombre.
- Para que Dios te dé líderes con un corazón para los hombres en cada etapa de su camino espiritual.

Comparte Ningún hombre fue dejado atrás, edición católica, con todos en tu parroquia, por solo 2 dólares cada ejemplar

El continuo de ancho a profundo y su ministerio

Tipo 1: Necesitan a Cristo	Tipo 2: No comprometidos	Tipo 3: Católicos maduros	Tipo 4: Líderes
AMPLIO			PROFUNDO

10

CAPTURA EL IMPULSO CON EL SIGUIENTE PASO CORRECTO

Muchas parroquias luchan con un ministerio de hombres que se tambalea. Un evento atrae a nuevos hombres. Cuatro meses después, el equipo de liderazgo se pregunta adónde se fueron todos. Este capítulo cubre los dos errores que tienen que ver con la retención de los hombres nuevos, y da consejos prácticos sobre cómo hacer avanzar a los hombres de manera consistente hacia un discipulado auténtico.

¿HAS ESCUCHADO ALGUNA VEZ una historia como esta?

El año pasado tuvimos un retiro para hombres increíble. Este orador vino y realmente desafió a los hombres. Compartió cómo su relación con su padre era bastante mala y cómo eso lo afectó como adulto. Habló de sus propios fracasos y de cómo Dios lo había reconciliado. Conectó realmente con nuestros hombres. Los hombres se emocionaron; grupos de hombres oraron juntos sobre sus relaciones con sus propios hijos y las heridas de sus relaciones con sus padres. Tuvimos hombres que volvieron a comprometerse con Cristo, fue genial.

[Pausa...] Pero la mayoría de los hombres que fueron no están más involucrados en nuestra iglesia ahora que antes del evento. ¿Qué pasó con todos esos hombres que estaban orando y llorando juntos? Tal vez se dejaron llevar por la emoción. De hecho, me pregunto si algunos de los hombres tuvieron experiencias auténticas.

O tal vez tu historia se parezca más a esta:

Hace cinco años, hubo un gran evento para hombres en la ciudad. Alquilamos un autobús, se apuntaron noventa y tres hombres, ¡y fue increíble! Luego, hace tres años, el viaje fue un poco más largo e hizo mal tiempo, así que solo conseguimos que fueran cincuenta hombres. El año pasado volvimos a organizar un evento local y pensamos que lograríamos que asistiera un montón de hombres. Pero nos costó mucho conseguir que se apuntaran veintitrés personas. Acabamos yendo en unos cuantos autos, y no fue lo mismo.

Entonces, las razones:

- «El sacerdote no lo apoyó realmente desde el púlpito».
- «Fue un mal fin de semana por culpa de (inserta un

evento deportivo aquí)».

- «Muchos hombres sienten que ya han pasado por eso».

UNA MONTAÑA RUSA
EN EL MINISTERIO MASCULINO

En una reunión de la Coalición Nacional de Ministerios Masculinos, el pastor Sid Woodruff compartió una gran ilustración sobre montar en una montaña rusa en un parque temático. Como vivimos en el centro de la Florida, sabemos algunas cosas sobre las atracciones de los parques temáticos. Así que vamos a ampliar la metáfora de la montaña rusa de Sid.

Imagina que te subes a la montaña rusa más nueva con una gran sensación de anticipación. El arnés de los hombros se baja y sientes una pequeña inyección de adrenalina. Miras al frente, a la caída que se avecina, y te das cuenta de que no puedes avergonzarte saliendo en el último momento como una niña asustada, sobre todo porque también hay niñas en la montaña rusa y no parecen tan asustadas.

Sales a toda prisa de la caseta de salida, das la vuelta a la esquina y empiezas a subir una pendiente pronunciada. Clic, clic, clic... Llegas a una cuarta parte de la subida, lo suficiente para que todos los carritos queden suspendidos verticalmente, apenas agarrados a la pista, y entonces te paras. ¿Se ha roto? ¿Alguien leyó el terror en tu cara y decidió mostrarte misericordia?

¡No!

A través de los altavoces que no habías notado antes, comienza una cuenta atrás. Al llegar a cero, eres catapultado hacia el cielo. Cuando te acercas a la cima de la colina, le pides rápidamente a Dios que cuide a tus hijos y a tu mujer y luego intentas decidir si quieres morir con los ojos abiertos o cerrados.

El fondo cae; o mejor dicho, te arrebatan de nuevo hacia abajo. ¡Las leyes de la física han sido superadas! ¡La montaña rusa no se ha salido de las vías! Ahora, el viaje comienza de verdad. Te empujan por las curvas, sales disparado de lado y hacia arriba, caes en picada por varios valles metálicos, y algunas veces quedas prácticamente patas arriba.

Lo que era aterrador pronto se convierte en diversión. Las vistas del parque de atracciones pasando a toda velocidad, el sonido de los demás en la atracción gritando de alegría, tu propia alegría al darte cuenta de que «no voy a morir». Unas cuantas curvas más que rompen los huesos, y luego se calman, seguidas de un giro al revés, inspirado en la estructura de doble hélice del ADN. Te oyes gritar con regocijo: «¿Eso es todo lo que tienes? Puedes hacerlo mejor». Y entonces llegas a la esquina y... te detienes.

Vuelves a estar en la casita de salida. Los operadores te miran con las mismas miradas desinteresadas que cuando te subiste al carrito. Hay otra masa de clientes del parque expectantes esperando a ocupar tu asiento en la atracción. Cuando te levantas y te bajas, miras hacia atrás y te das cuenta de que me estoy bajando de la atracción exactamente donde me subí. Realmente no he ido a ninguna parte.

Esta historia contiene muchos paralelos con el ministerio de hombres. El gran evento, el retiro, los grupos pequeños han sido ejecutados. Si se hacen correctamente, estos eventos pueden catapultar tu ministerio hacia adelante. Pero, con demasiada frecuencia, varios meses o incluso un año o dos después, los líderes miran a su alrededor y se dan cuenta de que sus ministerios están justo donde empezaron. En lugar de tener un ministerio de hombres que crece, aunque con picos y valles, sus ministerios de hombres se estancan. No son capaces de capturar el impulso y de mantenerlo. Tienen un ministerio masculino de montaña rusa.

Si tuvieras que hacer un gráfico de este tipo de ministerio masculino, podría ser algo así:

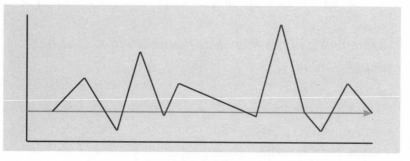

FIGURA 9

Típico ministerio masculino de montaña rusa

¿Qué hay de tu ministerio a los hombres? ¿Te sientes tan frustrado que estás listo para gritar: «¡Detengan este paseo! Quiero bajarme. ¿Te identificas más con los valles que con las cimas? ¿Tu ministerio de hombres parece una serie de altos —grandes eventos de hombres, experiencias, avivamientos—, mientras que no hay una diferencia real hoy en día en el compromiso espiritual de tus hombres? ¿Has visto un aumento sustancial en el número de hombres que están buscando activamente el discipulado desde hace un año o hace cinco años? Si no te gustan sus respuestas, puedes bajarte de la montaña rusa y empezar a llevar a tus hombres hacia un nuevo destino.

DOS TRAMPAS EN EL MINISTERIO DE HOMBRES

Pero antes de que puedas bajarte de la montaña rusa, tienes que saber cómo te subiste en primer lugar. Si el problema es una montaña rusa en el ministerio masculino, ¿qué es la causa? En nuestra experiencia, hay dos trampas diferentes en las que caen los ministerios masculinos.

Trampa #1: El ministerio de hombres impulsado por la personalidad

Algunas iglesias tienen ministerios de hombres que van muy bien durante un par de años y luego se agotan. Tienen varios eventos grandes cada año, grupos pequeños y continuos para hombres, grupos grandes que van a conferencias de hombres, viajes misioneros bien atendidos... tú entiendes el panorama.

Pero luego, en el transcurso de varios meses, todo parece apagarse. Llega el siguiente retiro de hombres y no está muy bien organizado. Solo se presentan la mitad de los hombres que vinieron el año pasado. Los grupos pequeños desaparecen, y el responsable de ellos parece haber perdido el interés. En general, las actividades se desvanecen.

Este es el clásico síntoma de un ministerio de hombres impulsado por la personalidad. En este escenario, un líder dinámico y espiritualmente maduro reúne a un grupo de hombres a su alrededor y organiza el ministerio de hombres.

Tiene el respeto de su párroco y de los líderes de la parroquia, y ellos le dan los recursos que necesita para hacer que las cosas sucedan. Sus habilidades organizativas ayudan a asegurar eventos de alta calidad que los hombres aprecian.

Desgraciadamente, un día este líder consigue un ascenso que requiere viajes adicionales. Y su mano derecha tiene que reducir su participación cuando su madre se enfrenta a un problema de salud y tiene que mudarse con él. No han reclutado a ningún otro líder, así que no hay nadie más preparado o dispuesto a dar un paso adelante. Es como si alguien retirara el pie del acelerador mientras el auto va a toda velocidad por la carretera. Sigue avanzando durante un tiempo por puro impulso. Pero pronto se detendrá por completo.

Trampa #2: El ministerio de hombres impulsado por eventos

Tal vez tu ministerio de hombres pasa por una serie de altibajos varias veces al año: pasaste un par de meses promocionando la gran reunión de hombres y al asado justo después del Día del Trabajo. Los hombres de tu parroquia se entusiasman. Todo el mundo habla del año pasado cuando asaron un cerdo entero. Eso es asqueroso y fascinante al mismo tiempo. Llega el evento y tienes una gran participación. Todo el mundo está entusiasmado con el comienzo del nuevo año parroquial para los hombres.

Y entonces... bueno, supongo que será mejor que empecemos a prepararnos para la fiesta del Super Bowl en febrero. Luego... el fin de semana de primavera para hombres. Luego... la conferencia de hombres de nuevo.

Para esta parroquia, el ministerio de hombres contiene una serie de «intermitencias». Cada año, hay tres o cuatro eventos que entusiasman a los hombres. Pero entretanto, sigue siendo difícil lograr que los hombres trabajen en los diversos programas de la parroquia, y el desayuno mensual de panqueques es casi la única actividad masculina disponible.

Se trata de un ministerio de hombres impulsado por los eventos. Por supuesto, los eventos para hombres son importantes. Necesitamos muchos puntos de entrada para que los hombres se involucren en la vida de la parroquia y se expongan al evangelio y a los sacramentos. Pero si el evento es todo lo que hay, eventualmente los hombres dejarán de asistir.

Con frecuencia, los ministerios y programas de nuestras parroquias son como los rascacielos de la ciudad de Nueva York. Cada uno de ellos existe sin una conexión clara con otros programas parroquiales.

Puedes escapar de la trampa del ministerio masculino impulsado por la personalidad al reclutar y potenciar continuamente el liderazgo, lo cual cubrimos en detalle en el capítulo 7. Siéntase libre de echar un vistazo allí ahora para revisar las estrategias y sugerencias para renovar su liderazgo.

¿Cómo puedes escapar de un ministerio de hombres impulsado por eventos? Ten una estrategia para captar el impulso que crean tus eventos y canalizarlo hacia el siguiente paso correcto para cada hombre.

¿Encenderías el aire acondicionado de tu casa en pleno verano y luego dejarías las puertas y ventanas abiertas? Por supuesto que no. Del mismo modo, se necesita una enorme cantidad de trabajo y energía para superar la inercia de los hombres creando valor e impulso. ¿No tiene sentido tener un plan concreto para capturar ese impulso y mantener a los hombres avanzando en su relación con Dios?

SUPERANDO UN MINISTERIO DE RASCACIELOS

Imagina que estás de visita en la ciudad de Nueva York y un amigo te lleva a la cima de un rascacielos. Mientras observas la hermosa ciudad, él señala un edificio al otro lado de la calle y te habla del maravilloso restaurante que hay en el último piso. «¿Por qué no vamos allí ahora mismo a comer?». Tú mirarías el edificio de enfrente, luego la calle abajo y concluirías que tu amigo está loco. Es ridículo pensar que puedes saltar cuarenta y cinco pies a otro rascacielos.

A menudo, los ministerios y programas de nuestras parroquias son como los rascacielos de Nueva York. Cada uno de ellos existe con una clara conexión con otros programas parroquiales. Una persona participa en la educación religiosa, en el comité de liturgia y en un viaje misionero de corta duración, pero no hay conexiones reales entre las iniciativas. Así que conseguir que un hombre que asiste a misa se una a un pequeño grupo de parejas o a un estudio bíblico para hombres es como pedirle que salte de un rascacielos a otro. Lo irónico es esto: algunas personas están dispuestas a dar el salto. Siempre hay unos pocos comprometidos que dan un salto de fe y se lanzan de cabeza a una nueva oportunidad. De hecho, en la mayoría de las parroquias hay suficientes personas que dan estos saltos para evitar que veamos lo mal que hemos integrado un proceso de discipulado creíble. Pero la gran mayoría de las personas se quedarán exactamente donde están, a menos que construyamos puentes para conectar las oportunidades y hacer evidente cómo pasar de un paso al siguiente. Eso es lo que significa captar el impulso.

DOS ERRORES COMUNES DESPUÉS DE CREAR EL IMPULSO

Hay dos errores comunes que solemos cometer después de crear un valor con un hombre: hacemos demasiado poco, o intentamos hacer demasiado.

Primero, hacemos demasiado poco. ¿Cuántas veces ha visto a un ministerio gastar toda su energía en la planificación del «gran evento», solo para empacar e irse a casa después del «amén» de cierre? Este es el clásico ministerio de hombres impulsado por un evento.

Celebramos un retiro o seminario para hombres; el hombre tiene un «evento aislado». Al año siguiente lo invitamos... a otro «evento». ¿El año siguiente? «Otro evento» de nuevo. Después de algunos años, tenemos un montón de hombres de «eventos», pero no hay un desarrollo espiritual continuo.

Si no tenemos cuidado, los hombres pensarán que esto es lo que significa ser un buen católico. O bien, perderán el interés porque no ven ningún impacto duradero en sus propias vidas. Un ministerio de hombres de montaña rusa construye una resistencia para que los hombres se involucren. Porque ellos saben, en el fondo de sus corazones, que no los conducirá a ninguna parte; tus hombres (y tu pastor) se inocularán contra un proceso de discipulado viable.

En segundo lugar, intentar demasiado puede ser igual de infructuoso. Por ejemplo, invitas a los hombres a un gran asado durante el Super Bowl con mucha carne roja y una pantalla gigante de televisión. Los animas a que vayan con sus vecinos y amigos, y acuden varios hombres que rara vez se asoman a las puertas de la parroquia. Luego, en el descanso, te levantas y les ofreces la oportunidad de participar en un estudio de cuarenta semanas del libro del Apocalipsis en el griego original. Es un poco exagerado, pero se entiende. Entonces, ¿cómo caminas entre estos dos extremos? Siempre debes tener a mano el siguiente paso adecuado.

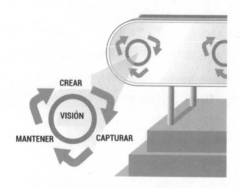

DALES A LOS HOMBRES
EL SIGUIENTE PASO ADECUADO

Cuando planifiques un evento o actividad para hombres, haz que las oportunidades de seguimiento sean parte de la planificación del evento. En otras palabras, no crees un impulso sin un plan para capturarlo (¡nunca!). Ya trataremos en detalle cada una de las claves para capturar el impulso con éxito, pero de momento esta es la lista:

- Haz que el seguimiento se ajuste al evento.
- Dimensiona correctamente el compromiso que pides.
- Ten siempre un punto final.
- Elige un buen material de «segunda velocidad».
- Inicia nuevos grupos para nuevos hombres.
- Ayude a los hombres a dar el siguiente paso, ¡de inmediato!

Haz que el seguimiento se ajuste al evento

As you plan an event, determine the types of men you will be targeting. You'll need to consider this as you plan the follow-up strategy too. The type of event you have will determine what type of *capture* step to take. See Figure 10 for some ideas.

Tipo de	Tipo de evento	Ideas de segui-
Hombres que necesitan a Cristo	Fiesta del Super	Inscripción al equipo de softbol; viaje de aventura; nuevos grupos pequeños de introducción
Católicos no comprometidos	Techar la casa de una viuda	Reunión de información para el viaje misionero; formación de equipos de servicio al ministerio
Católicos maduros	Seminario o retiro para hombres	Grupos pequeños; clase; oportunidad de servicio
Líderes de católicos	Almuerzo para discutir la visión	Rezar por los hombres; asistir a una reunión de líderes como invitado

FIGURA 10

Dimensiona correctamente el compromiso que pides

No pidas a los hombres que se extiendan más de la cuenta basándose en el entusiasmo del evento. Un hombre puede estar inicialmente entusiasmado con el intenso estudio bíblico de cuarenta semanas sobre la hombría piadosa. Pero el lunes sus clientes comienzan a quejarse, el martes recuerda que se ha retrasado quince días en el pago de la hipoteca, y el miércoles su entusiasmo ha disminuido considerablemente.

Condujiste un auto y cambiaste accidentalmente de la primera a la cuarta velocidad. ¿Qué ocurre? Lo mismo que cuando pedimos a los hombres que hagan demasiadas cosas demasiado pronto. Ellos se atascan. La mayoría de los hombres marginales no quieren mucha preparación. Muchos hombres no van a leer un libro de doscientas páginas. Así que el seguimiento del evento tiene que gritarle al hombre: «¡Puedes hacerlo!». Debe ser algo que él pueda visualizar con emoción. Tiene que ser una idea de «segunda velocidad».

Ten siempre un punto final

También podemos pedirles a los hombres que hagan demasiado exigiendo compromisos abiertos. Piensa en un hombre que tiene una experiencia que lo inspira a buscar un camino más cercano con Dios. Se une a un estudio bíblico semanal para hombres. Pronto, ya sea porque las circunstancias de su vida cambian o tal vez por el exceso de compromiso, su participación en el grupo comienza a fallar. Falta una semana aquí y otra allá, luego dos semanas seguidas, luego tres semanas. Finalmente, deja de asistir por completo. Abandona el grupo en silencio, casi escabulléndose, sintiéndose culpable por haber defraudado al grupo, porque no hubo una estrategia de salida elegante.

Ahora imagina que ese mismo hombre se compromete durante seis semanas a reunirse con un grupo de hombres. Si las circunstancias cambian, él sabe que solo tendrá que «aguantar» unas semanas más para terminar lo que empezó. Deja el grupo no con un fracaso, sino con una sensación de realización y logro. ¿Qué hombre tendrá más probabilidades de unirse a un grupo pequeño en la próxima oportunidad?

Para reforzar este concepto, puedes incluso celebrarlo al final de cada ciclo. Este podría ser el momento de compartir historias sobre cómo Dios ha obrado en sus vidas durante las últimas seis semanas, así como despedirse formalmente de un hombre cuyos otros compromisos no le permitirán continuar. Tu grupo podría incluso «comisionarlo» para su nuevo emprendimiento, haciéndole sentir que es enviado por el grupo a lo siguiente, en lugar de sentir que los ha abandonado.

Elige un buen material de «segunda velocidad»

Busca materiales «de segunda velocidad» que planteen temas significativos y los traten en el contexto de nuestra fe católica. Los hombres harán un compromiso único y a corto plazo con algo que les parezca «factible».

El estudio de caso en el recuadro siguiente ilustra otros dos errores comunes que cometemos a menudo. ¿Puedes encontrarlos?

Una parroquia a la que llamaremos «St. Rockie's» compartió que parecía haber alcanzado una especie de «techo» con el número de hombres que participaban en sus pequeños grupos. Cuando se les preguntó qué estaban haciendo para reclutar hombres, su estrategia parecía bastante sólida, al principio. Organizaban eventos masculinos en la parroquia que tenían un amplio atractivo para los hombres. Todos los actos contaban con una gran asistencia. En cada evento, ofrecían la oportunidad de unirse a un grupo para seguir estudiando. Utilizaban un buen material de segunda mano. Solo pedían un compromiso a corto plazo. Todo lo demás parecía bien.

Entonces se les hizo la pregunta: ¿cómo están inscribiendo a los hombres para los grupos pequeños? «Sencillo», dijeron. «Hacemos una lista de todos los grupos en una hoja aparte en la parte de atrás. En cada grupo figura el nombre del líder, cuándo y dónde se reúnen, y cuántos cupos tienen disponibles. Entonces buscan un grupo que les convenga y anotan su nombre, y luego el líder hace un seguimiento. Pero solo unos pocos hombres nuevos se apuntan. E incluso quienes lo hacen muchas veces no aparecen».

Inicia nuevos grupos para hombres nuevos

El primer error que cometió «St. Rockie's» fue listar los grupos con el número de cupos disponibles. Un hombre que mira eso rápidamente se da cuenta de que está entrando a un grupo establecido. ¿Quién más está en el grupo? ¿Cuánto tiempo llevan reuniéndose? Es obvio que va a ser el «tipo nuevo». Si alguna vez cambiaste de escuela, recuerdas cómo fue el almuerzo de la primera semana. Todo el mundo tenía ya «su» mesa. No sabías realmente lo abiertos que podrían estar a que un nuevo hombre se sentara con ellos.

Puede que ahora todos seamos adultos, pero ese miedo al rechazo nunca desaparece. Crea siempre nuevos grupos para tu seguimiento.

Ayuda a los hombres a dar el paso... de inmediato

¿Te diste cuenta del segundo error? No hagas que los hombres escriban sus nombres en la lista ni les digas «los llamaré». Quieres que los hombres se vayan con la sensación de que ya se han comprometido. Así que, sea cual sea tu siguiente paso, pide siempre un compromiso concreto e inmediato.

El siguiente es un método comprobado para conseguir que dos tercios de tus hombres participen en grupos pequeños de seguimiento:

Organiza un evento que llegue a un grupo específico de hombres, como un seminario. Promueve el evento con —dilo con nosotros ahora—, invitaciones personales. Recluta líderes antes del evento que se comprometan a dirigir un grupo de seguimiento de seis semanas y ten aproximadamente un líder por cada ocho o nueve hombres que esperas que asistan al seminario. (Si dos tercios de los hombres se inscriben, eso te dará grupos de cinco o seis por cada líder).

Al principio o a mitad del evento, anuncia que hay un «siguiente paso» para todos después del evento. Muéstrales el material que van a utilizar y asegúrate de que entienden que se trata de un compromiso a corto plazo. Esto les da tiempo para asimilar la idea.

Los siguientes ejemplos pueden servir para explicar el beneficio de los grupos de seguimiento:

«Si me dan 100 dólares ahora, les daré 200 al final del seminario. ¿Cuántos de ustedes aceptarían esa oferta?». Por lo general, todos levantarán las manos.

«Ahora, permítanme ofrecerles un trato diferente. Si me dan 200 dólares ahora, les daré 1000 dólares en seis semanas. El doble de la inversión de la primera oferta, pero cinco veces más de rendimiento. ¿Cuántos de ustedes aceptarían ese trato?». Normalmente alguien se levanta y empieza a sacar la cartera en broma en este momento.

«Bueno, hombres, este es exactamente el trato que les ofrezco. Si me dan unas ocho horas de tiempo durante el próximo día en este evento, les daré un buen rendimiento por su inversión. Pero si duplican esa inversión y dedican otras ocho horas durante las próximas seis semanas a reunirse con otros hombres de este grupo para repasar esta guía de estudio que les estamos dando, sacarán cinco veces más provecho que si me escuchan a mí solo».

«El hecho es que solo puedo darte información que te hará pensar durante el seminario. Si de verdad quieres ver cómo se aplica esto a tu vida, dedica algún tiempo a desentrañar estos temas con algunos otros hombres que viven en tu mundo».

Ofrece varias sesiones de debate en grupos pequeños a lo largo del evento. Esto ayuda a modelar los grupos de seguimiento y hace que los hombres hablen entre sí. Con frecuencia oímos hablar de parroquias que tuvieron que interrumpir los debates para pasar a la siguiente sesión.

Aproximadamente a las tres cuartas partes del evento, en lugar de pasar a otro tiempo de discusión en grupos pequeños, comunica a tus hombres que ahora vas a formar los grupos de seguimiento. Haz que cada líder se ponga de pie, se presente y comparta cuándo y dónde se reunirá su grupo. «Hola, soy Don Smith, y mi grupo se reunirá en el Denny's en la esquina de la Quinta Avenida y Calle Mayor los jueves por la mañana a las 6:30». Y así sucesivamente.

Después de que todos los líderes de los grupos se presenten, diles que para el próximo debate te gustaría que eligieran un grupo con el que pudieran estar interesados en continuar después del evento. Recuérdales que solo es un compromiso de seis semanas. Diles que incluso si no planean asistir a un grupo después, que se adelanten y elijan uno de los momentos de discusión.

En este momento, todos los hombres de la sala te mirarán fijamente, y tendrás que decir: «¡Bien, ahora mismo! ¡Elijan a alguien con quien sentarse! ¡Comiencen ya! Por fin empiezan a moverse, y antes de que te des cuenta cada hombre estará sentado en un círculo con otros hombres. Hay desorden, y parece haber desorganización, pero ¡funciona muy bien! Te lo garantizamos. El secreto de esto es que los hombres son inteligentes y se darán cuenta. No tienes que microgestionar el proceso. De hecho, la microgestión reducirá tu eficacia.

Antes de iniciar el debate, los líderes se reparten una hoja para anotar el nombre, el teléfono y el correo electrónico de cada hombre. A continuación, confirman la hora y el lugar de la primera reunión —en los próximos siete días— y la ajustan si es necesario para satisfacer las necesidades de los hombres. A continuación, examinan brevemente el material que van a utilizar. (Proporcionamos un sencillo «Plan de vida» de dieciséis páginas con los eventos del Hombre en el Espejo). Si ellos tienen tiempo, pasarán a las preguntas de debate de la sesión que acaba de terminar.

Incluso un hombre que podría haber ido de mala gana a sentarse en un grupo se involucrará de alguna manera en cuándo y dónde se reunirán, de qué hablarán y quién asistirá.

¿Funciona? En los eventos en los que las parroquias utilizan este método tal y como se describe, más de dos tercios de los hombres indican que han decidido unirse a los grupos de seguimiento.

Y lo que es aún más emocionante, el porcentaje de hombres que nunca han estado en un grupo pequeño y deciden estar en los grupos de seguimiento es aún mayor.

LA MENTALIDAD DEL «SIGUIENTE PASO»

Puedes hacer bien todo lo demás, pero si constantemente no logras capturar el impulso que has creado, no podrás construir un ministerio sostenible.

En cada interacción que tengas con un hombre, ya sea en un almuerzo individual, en el inicio de un grupo pequeño, en un retiro o seminario para hombres, o en cualquier otra actividad, siempre debes pensar: «¿Cuál es el siguiente paso razonable?» y luego comunicar constantemente estos pasos a los hombres.

Cada líder en tu ministerio necesita tener una mentalidad de capturar el impulso, el «siguiente paso». Muestra siempre a los hombres el siguiente paso correcto. Lograr que los hombres den el primer paso y luego no mostrarles lo que sigue es como llevar a un hombre a Cristo y luego abandonarlo para que viva en el mundo sin ningún discipulado. Si no vas a hacer un seguimiento, tal vez sería mejor para el reino de Cristo no aumentar las expectativas de los hombres en primer lugar.

¿Capturar el impulso eliminará los picos y los valles en tu ministerio a los hombres? No. Seguirás teniendo hombres que van y vienen. Seguirás teniendo eventos o actividades que atraen a muchos hombres que luego se retiran. Pero, con el tiempo, tu línea de tendencia se inclinará hacia arriba, indicando un ministerio sostenible que sigue produciendo discípulos apasionados. (Mira la figura 11.)

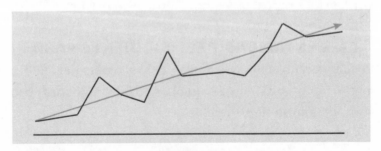

FIGURA 11

Un ministerio masculino sostenible (tendencia general ascendente en el discipulado de hombres)

Una de las misiones principales del transbordador espacial es poner un satélite en el espacio. El transbordador entra en órbita, luego un astronauta utiliza un brazo robótico para recoger el satélite y colocarlo en el espacio, donde adquiere la velocidad y la trayectoria del propio transbordador. Todo va según lo previsto.

¿Recuerdas el Skylab? (El Skylab era una gran estación de trabajo satelital, precursora de la Estación Espacial Internacional. Estados Unidos lo puso en órbita en 1973, con planes de subirlo al transbordador espacial en 1979 para impulsarlo a una órbita más alta. Por desgracia, el transbordador espacial no estuvo listo hasta 1981. El Skylab no tenía el impulso suficiente para mantener su órbita tanto tiempo, y se estrelló contra la tierra a finales de 1979. Por suerte, la única víctima fue una vaca australiana. Ten cuidado de no dejar colgados a los hombres de tu parroquia. Si utilizas un evento para lanzar a un hombre a una experiencia espiritual que lo acerque a Dios, no te limites a esperar que pueda mantener su órbita. Cuando un hombre se estrella contra el suelo, siempre hay mucho más de qué preocuparse que de la vida de una vaca australiana.

> ## La GRAN Idea
>
> Siempre que crees un impulso, muestra a los hombres un siguiente paso correcto.

Hasta ahora, hemos discutido cómo construir tu ministerio alrededor de una visión, hemos destacado cómo crear un impulso con los hombres, y ahora cómo capturar ese impulso. En el próximo capítulo hablaremos de cómo mantener el cambio en los hombres que han entrado en tu proceso de discipulado. Estamos a un paso del capítulo 12, que te ayudará a construir un plan concreto para alcanzar a los hombres de tu parroquia.

Recuerden esto...

- Evita un ministerio de hombres impulsado por las personalidades, reajustando y renovando constantemente tu liderazgo (mira el capítulo siete).
- Evita un ministerio impulsado por los eventos al capturar el impulso que estos crean.
- No hagas que los hombres «salten» de una oportunidad a otra. Construye puentes que hagan que sea fácil e intuitivo para un hombre avanzar en su viaje espiritual.
- Ofrece siempre a los hombres un siguiente paso correcto.
- Recuerda estos consejos para tu próxima estrategia:
    - Haz que el seguimiento se ajuste al evento.
    - Dimensiona correctamente el compromiso que está pidiendo.
    - Ten siempre un punto final.
    - Elige un buen material de «segunda velocidad».
    - Inicia nuevos grupos para nuevos hombres.
    - Ayuda a los hombres a dar el siguiente paso de inmediato.

Hablen de esto...

1. ¿Sientes que has estado en una montaña rusa en tu propio viaje espiritual? ¿Qué parece causar los picos y los valles?

2. ¿Describe la montaña rusa tu ministerio de hombres? Si es así, ¿sientes que has caído en la trampa de un ministerio impulsado por eventos? ¿En un ministerio impulsado por la personalidad? ¿En ambos? ¿Qué efecto ha tenido esto en tu energía y compromiso para formar hombres como discípulos en tu parroquia?

3. Enumera los eventos o actividades que has realizado para los hombres en tu parroquia en los últimos meses. ¿Ha habido una estrategia de captación para estos eventos? Si no es así, ¿qué podrías haber hecho para capturar el impulso creado? Si es así, ¿cómo podrías haberlo mejorado?

4. ¿Cuál es el próximo evento que tienes previsto para los hombres? Haz una lluvia de ideas con tu equipo sobre cómo capturar el impulso de esta actividad.

Recen por esto...

Recen juntos como equipo de liderazgo para:

- que Dios dé a los hombres de su parroquia un deseo renovado de conocerle.

- que tu ministerio proporcione siempre un camino claro para que los hombres pasen de una oportunidad a otra.

- que Dios continúe uniendo a tu equipo de liderazgo como un grupo de hermanos, enfocados en el cumplimiento de la Gran Comisión entre los hombres.

11

MANTÉN EL IMPULSO A TRAVÉS DE LAS RELACIONES

Del evento, al siguiente paso, al... ¿qué? Una vez que usted logra que sus hombres y su ministerio masculino se bajen de la montaña rusa, ¿cómo sostiene el progreso espiritual? Si no hace nada, el entusiasmo espiritual se convertirá en poco más que buenas intenciones. Una cosa es segura: los hombres no lo lograrán por sí solos. Pero juntos, pueden convertirse en auténticos discípulos que pueden cambiar el mundo.

PARA MANTENER EL IMPULSO con los hombres, haz que se relacionen realmente con otros que busquen a Cristo. No se puede mantener el impulso sin grupos pequeños y relaciones individuales.

¿Por qué es esto tan importante? Primero, tú quieres ayudar a los hombres a mantener el progreso espiritual que han hecho. Esto es particularmente importante para los hombres que se encuentran al principio de su camino espiritual, aquellos que necesitan a Cristo, así como los católicos culturales. En segundo lugar, hay que lograr que los hombres entren en contacto regular con Dios a través de Su Palabra y de los sacramentos. Este es un enfoque particular para los hombres que son católicos maduros y líderes, y para los que quieren serlo. Construir relaciones te ayudará a cumplir ambos objetivos.

MANTENIENDO EL TERRENO CAPTURADO

La historia militar está llena de relatos sobre soldados que se quejan de la sumisión del terreno por el que derramaron su sangre. «¡Tomen esa colina!», les dicen. «¡Es una parte integral de nuestra estrategia!». Y lo hacen, luchando valientemente para vencer al enemigo y capturar el terreno, para luego abandonarlo cuando los vientos estratégicos cambian en el centro de mando. Pronto el soldado pierde la confianza en que exista una estrategia. El costo es demasiado alto y la recompensa es demasiado fugaz.

Cada esfuerzo que se hace para hacer avanzar a un hombre en su camino espiritual tiene su propio costo: el tiempo, la energía y la concentración de los líderes que planificaron y participaron; y la oportunidad que el hombre pierde al participar en esta actividad en lugar de otra prioridad en su vida. Si te esfuerzas por ganar terreno en la batalla por el tiempo y la atención de los hombres, pero luego no encuentras la manera de mantener ese esfuerzo, te encontrarás con que estás empezando de nuevo, y los propios hombres comenzarán a desanimarse, sintiendo que nada cambia. Como líderes, debemos aplicar un esfuerzo consistente, ya que el progreso en el viaje espiritual de un hombre se mide generalmente en pequeños pasos durante un largo período de tiempo.

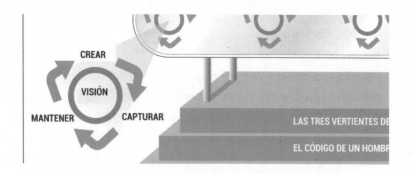

UNA PERSPECTIVA A LARGO PLAZO

Un ministerio a los hombres tiene que ser más que simples eventos; debe ser para ayudar a los hombres a madurar en Cristo. De nuevo, se necesita mucho tiempo para hacer un discípulo. Casi siempre, el discipulado tiene lugar durante un período de años y en el contexto de relaciones significativas con otros hombres.

Es importante adoptar un enfoque de «largo plazo y baja presión». No existe un crecimiento espiritual rápido y sistemático. Debemos dar permiso a los hombres para que se sitúen a un lado de lo que estamos haciendo y observen. Dales permiso para que participen a su propio ritmo, y deja que se incorporen según su propio nivel de participación.

Si quieres ayudar a otros hombres a crecer en Cristo, sentirás con frecuencia que quieres que los hombres tengan éxito más de lo que ellos mismos quieren. Sería fácil para nosotros volvernos impacientes con los nuevos hombres que no son tan maduros como desearíamos. No hagas que los hombres se sientan culpables porque no son tan «espirituales» como quieres que sean.

Este es uno de los mayores problemas que vemos en los líderes del ministerio de hombres. Los líderes están frustrados, enojados y hasta amargados con sus hombres porque no están tan comprometidos como los líderes quisieran. Por ejemplo, una vez un instructor debía ser el orador en un retiro cuando el líder del viaje misionero para hombres se levantó para hacer un anuncio. «Falta menos de un mes para el viaje misionero y solo tenemos cuatro hombres inscritos. Sé que en una parroquia tan grande hay muchos hombres que podrían hacer este viaje. ¿No saben lo afortunados que son? La gente a la que vamos a servir no tiene nada. Francamente, me pregunto si algunos de ustedes deberían considerar seriamente el nivel de su compromiso con Cristo».

Después de unos minutos más de su agresiva charla, el instructor sintió deseos de ponerse de pie en la parte de atrás y decir: «Mira, yo iré al viaje misionero, siempre y cuando tú te quedes en casa. Por muy disgustado que estés, no quiero ir a ningún sitio durante una semana contigo». Los hombres pueden percibir el enojo y la frustración, y no querrán ser parte de ello. Nuestro trabajo no es producir resultados, es simplemente ser fieles. Como dijo Santa Teresa de Calcuta: «Dios no te llama para tener éxito; te llama para ser fiel».

MOSTRARLES CRISTO A LOS HOMBRES VERSUS CORREGIR EL COMPORTAMIENTO DE ELLOS

Con demasiada frecuencia pedimos a los hombres que se ajusten a nuestra subcultura masculina cristiana como muestra de espiritualidad. «Usa estas palabras de moda. Ora con esta postura». Cuando esto sucede, podemos terminar pidiéndole a los hombres que se ajusten a una manera de comportarse o actuar a expensas de invitarlos a una experiencia más profunda de sus vidas de fe. O bien, les pedimos que realicen determinadas actividades para mostrar su compromiso con Dios. «Si amas a Dios, estarás en la iglesia el miércoles por la noche». Un hombre responde fácilmente a los llamados al catolicismo de «actividades», porque esa es la naturaleza de su relación con su propio padre, que siempre condicionó el amor al desempeño de su hijo. Es irónico. Mientras más tratemos de influir en el «comportamiento», menos cambios reales y duraderos veremos en la conducta. Dicho enfoque simplemente agota a los hombres y los desgasta.

PREGUNTAS Y RESPUESTAS

¿Qué haces cuando los hombres simplemente no lo «entienden»?

Has estado trabajando varios meses para mostrarle Cristo a un hombre. Pero parece que se desvive por fumar y usar un lenguaje soez cada vez que tus amigos cristianos se acercan. ¿Sabes qué? Está esperando a ver si lo juzgas. En lugar de eso, ámalo. Haz que tus amigos participen de inmediato. Rodéalo de hombres piadosos y eventualmente él decidirá que quiere lo que tú tienes.

Cuando los hombres asisten a un desayuno de oración, a una conferencia, a un estudio bíblico o a una misa, lo hacen porque tienen una necesidad insatisfecha, un «vacío» que hay que llenar. Vienen buscando un pedazo de pan que puedan llevarse y que alimente sus almas; vienen sedientos de agua viva.

En lugar de mostrar a los hombres una lista de «lo que hay que hacer» y «lo que no hay que hacer», debemos mostrarles a Cristo. Nuestro trabajo no es «corregir» su comportamiento, sino hacer que Cristo sea cada vez más atractivo para que pueda hacer su obra transformadora de la vida en ellos. La gracia de Dios cambia a los hombres, no sin algún esfuerzo de su parte, pero cuando ayudamos a los hombres a conectarse con Jesús, Él obra el cambio de comportamiento de adentro hacia afuera. Él cambia los deseos del hombre. Nosotros solo podemos darle a un hombre un nuevo libro de reglas; Jesús le dará un nuevo corazón.

HOMBRES QUE NECESITAN A CRISTO

En ningún lugar es más perjudicial un enfoque central defectuoso para formar a los hombres como discípulos que con los hombres que necesitan a Cristo. Un hombre que ha desarrollado una participación regular en una de sus actividades más accesibles —como el baloncesto o el equipo de *softbol*— es fácilmente alejado por alguien que le dice que no se está comportando «correctamente».

A veces es difícil para los líderes entender cómo aplicar y mantener los pasos para involucrar a los hombres al principio de su viaje espiritual. Después de todo, no se puede esperar que un hombre cuya única experiencia con la parroquia es la participación en el ministerio de actividades se apunte a un grupo pequeño de veinticuatro semanas.

Mantener el cambio en un hombre que acaba de tomar conciencia de su necesidad de Cristo consiste mucho más en mantener el «terreno capturado» que en invitarlo a las devociones diarias y a un grupo de rendición de cuentas.

Para los hombres en esta etapa, mantener el impulso puede darse con oportunidades muy similares al paso de *crear* que lo involucró en primer lugar. Recuerda que la clave son las relaciones.

Considera la actividad del equipo de *softbol* como un ejemplo. Uno de sus líderes, «Sam», tiene un vecino llamado «Pete». Después de intercambiar varios favores, prestarse mutuamente herramientas y ver juntos un partido de las eliminatorias, Sam menciona que está en un equipo de *softbol* de la parroquia. Cuando Pete expresa su interés, Sam lo invita.

La temporada va muy bien. Todos se divierten mucho en el equipo. Nadie se lo toma demasiado en serio, aunque todos disfrutan ganando. Pete llega a conocer a algunos hombres del equipo. Al final de la temporada, hacen un asado para celebrarlo, y el párroco viene a dar las gracias a los hombres por la planificación y por representar a la parroquia con espíritu deportivo. El paso de *crear* fue la invitación a unirse al equipo de *softbol*. El paso de *crear* fue el asado de fin de año. ¿Y ahora qué? En primer lugar, ¿ha progresado Pete en su camino espiritual? Ciertamente. Durante diez semanas consecutivas ha pasado una tarde con un grupo de hombres mayoritariamente católicos. Rezan una rápida oración antes y después del partido. Pete ha empezado a ver que estos hombres son «normales». Y hay algunos que se han ganado su respeto.

Ahora debes encontrar la manera de que Pete mantenga las relaciones que ha empezado a construir. Puede ser otra temporada de *softbol*, o un almuerzo semanal de hombres de negocios al que asistan algunos de los hombres. A medida que las relaciones comienzan a crecer, Pete tendrá más oportunidades de ver a Cristo en la vida de estos hombres.

SOSTENER EL CAMBIO CREANDO UNA CULTURA DE ORACIÓN

Un día, Bill, cuya esposa acababa de morir de cáncer, estaba hablando con uno de los autores originales, Pat, cuyo amigo, Tom Skinner, estaba enfermo de leucemia. Pat dijo: «Está muy enfermo. Supongo que lo único que podemos hacer es rezar». Bill miró a la cara de Pat y le dijo: «No, lo que podemos hacer es rezar». No podemos hacer nada sin la bendición de Dios, pero podemos hacer todas las cosas cuando aprovechamos su manera designada de liberar Su voluntad en la vida de los hombres: la oración. La oración es la moneda de nuestra relación personal con Jesús. No nos servirá de nada dejarla en una cuenta. Debemos sacar algo y gastarlo en las almas de los hombres. La oración es lo que podemos hacer.

Asegúrate de que la oración forme parte de todo lo que haces por los hombres de tu parroquia. Entrena a tus líderes para que integren la oración en cada actividad. Ningún hombre que participe en una actividad relacionada con la parroquia se va a sorprender por la inclusión de una oración durante un evento. Tu equipo de liderazgo también debe estar construido sobre una base de oración. Pero no te limites a pedir a Dios que forme parte de lo que quieres hacer en tu parroquia y en tu ciudad. Por el contrario, reza para que formes parte de lo que Dios quiere hacer en tu parroquia y comunidad.

AYUDAR A LOS HOMBRES A DESARROLLAR EL AMOR A DIOS EN SU PALABRA Y EN LOS SACRAMENTOS

Los discípulos son «alumnos». Son alumnos de Jesús. Son hombres que desean parecerse más a Cristo. Pero para llegar a ser como Él, primero deben conocerlo.

Podemos decir con confianza que nunca hemos conocido a un hombre cuya vida haya cambiado de manera significativa sin la lectura regular y sin la oración con la Palabra de Dios.

Algunos grupos estudian libros católicos, pero esto no sustituye el contacto directo de los hombres con Su Palabra viva. Todos los hombres son afectados por la Palabra de Dios cuando están expuestos a ella regularmente. ¿Has notado que cuando lees la Biblia con regularidad, empiezas a entenderla mejor? Tu deseo por las Escrituras crece mientras más interactúas con ellas. Lamentablemente, lo contrario también es cierto. Cuando un hombre no lee las Escrituras con frecuencia, su deseo por ellas no tiene la oportunidad de crecer.

Los sacramentos van de la mano de la Palabra de Dios para que los hombres conozcan y amen a Jesús. El Catecismo nos dice que los sacramentos «fortalecen la fe y la expresan», y son un medio «por el cual se nos dispensa la vida divina» (CIC, 1133, 1131). Los hombres deben ser bienvenidos y animados a asistir a la Misa semanalmente, a recibir la Eucaristía en estado de gracia y a recibir el sacramento de la confesión regularmente como una poderosa ayuda para combatir el pecado. Además, muchas parroquias ofrecen la adoración eucarística, en la cual tomarse un tiempo para estar simplemente con Jesús y adorar Su presencia real en la Eucaristía puede ser una oportunidad particularmente poderosa para que el hombre desarrolle su relación personal con Cristo. Junto con la Palabra de Dios, los sacramentos son un modo de presencia de Cristo para nosotros, y son indispensables para ayudar a un hombre a mantener el progreso espiritual que ha comenzado.

DESARROLLAR DISCÍPULOS PARA SOSTENER TU MINISTERIO

En su libro, *El arte perdido de discipular*, Leroy Eims cuenta la historia de un misionero llamado John, que pasó la mayor parte de sus años de servicio reuniéndose con unos pocos jóvenes. De repente, su trabajo se vio interrumpido cuando se pidió a todos los misioneros que abandonaran el país.

Un observador que en su día vio el ministerio de John con escepticismo se maravilló años después: «Veo lo que ha salido de la vida de John. Uno de los hombres con los que trabajó es ahora un profesor que usa poderosamente a Dios para alcanzar y formar a decenas de estudiantes universitarios. Otro dirige un equipo de discipulado de unos catorce hombres y mujeres. Y otro está en una ciudad cercana con un grupo de treinta y cinco discípulos en crecimiento. Otros tres han ido a otros países como misioneros. Dios está bendiciendo su labor».

Debes estar atento a los hombres que quieren hacer discípulos. Obviamente necesitas estar involucrado con los hombres en todos los niveles. ¿Pero puede haber alguna duda? La mayor recompensa de tu tiempo vendrá de invertir en unos pocos hombres que sean fieles, disponibles y enseñables (ver 2 Timoteo 2:2). El enfoque de un líder del ministerio de hombres debe ser hacer discípulos de hombres que a su vez discipularán a otros, y así sucesivamente. Este fue el método de Jesús. Tu ministerio a los hombres crecerá en proporción a tu habilidad para construir no solo discípulos, sino también hacedores de discípulos.

RECLUTAR PASTORES, NO PROFESORES

Posiblemente el aspecto más importante para mantener el impulso es asegurarte de que cada uno de tus hombres sienta que alguien se preocupa por él. Busca líderes conocedores que estén dispuestos a mostrar a los hombres el amor de Cristo.

Clark Cothran, pastor principal de una iglesia protestante, distingue entre dos tipos de líderes de grupos pequeños: uno es el que «hace preguntas», el otro es el que «da respuestas». Uno es un «guía de grupo», el otro es un «narrador sabelotodo». Uno es un «policía de tráfico del diálogo», el otro es un «policía de la doctrina». Los hombres responderán mejor a los líderes que les ayuden a encontrar las respuestas correctas a sus preguntas sin darles la respuesta. Hombres que guíen a los hombres sin hacer alarde de sus conocimientos, y que ayuden a facilitar discusiones animadas, en lugar de poner en evidencia a un hombre cuyos conocimientos teológicos aún están en desarrollo.

En una iglesia de cinco mil feligreses en California, Wes Brown, el ministro de los hombres (sí, a tiempo completo), experimentó un salto cuántico en la eficacia cuando cambió su modelo de liderazgo de «enseñar» a «pastorear». Al principio, reclutó a «profesores» para dirigir sus grupos pequeños. El éxito fue modesto. Después de once años, tenía 137 hombres en grupos pequeños. Entonces se dio cuenta de que lo que los hombres realmente necesitaban era alguien que se preocupara por ellos personalmente. Cambió a un modelo de «pastoreo» y su ministerio explotó hasta incluir a 750 hombres en solo cuatro años, ¡un aumento del 550 por ciento!

AMA A TUS DÉBILES, DISCIERNE A TUS FUERTES

Zacarías explica aún más el papel de un buen pastor:

> «Entonces el SEÑOR me dijo: «Toma además la bolsa de un pastor insensato, porque he aquí yo levanto en la tierra a un pastor que no atenderá a la descarriada ni buscará a la perdida ni curará a la perniquebrada. No mantendrá a la que está en pie, sino que se comerá la carne de la engordada y romperá sus pezuñas». (Zacarías 11:15-16)

Podemos definir el cuádruple papel de un buen pastor observando el papel opuesto del pastor inútil en este pasaje:

- Cuida a las ovejas jóvenes.
- Cuida a los heridos.
- Cuida a los amenazados de muerte.
- Da de comer a los hambrientos.

Este pasaje ilustra una regla básica para el discipulado: *ama a los débiles y discipula a los fuertes*. Un buen pastor ayuda a los que están amenazados de muerte. Puede tratarse de hombres que no conocen a Cristo, o de hombres que están en camino de cometer grandes errores en su vida. Él crea un lugar seguro donde los hombres con las alas rotas pueden sanar: hombres heridos por la crisis financiera, el divorcio, el dolor, las adicciones o los problemas emocionales. Y cuida a los jóvenes, espiritual y físicamente.

Siempre habrá algunos hombres que agoten constantemente su energía emocional y espiritual. Los buenos pastores se comprometen a amar a sus hombres débiles.

Al mismo tiempo, Dios quiere que invierta en hombres fieles que puedan discipular a otros. El pastor fiel se asegura de alimentar a los sanos. ¿Cómo sabes cuándo debes dejar de hacer una inversión en un hombre que no parece estar progresando? Tiene que ser un asunto de consideración en oración entre tú y Dios. No te des por vencido con ningún hombre: sé siempre amable, interesado y disponible. Sin embargo, puede llegar el momento en que Dios quiera que inviertas tu tiempo y energía en otros hombres.

Hay dos errores que los líderes pueden cometer: echar a un hombre del nido demasiado pronto, y no desafiar a los hombres a salir del nido cuando es el momento. «Discipular a los fuertes» significa que los hombres necesitan crecer. Si no los ayudas, se irán a otra iglesia. Todos lo hemos oído decir o lo hemos dicho nosotros mismos: «No sentí que me alimentaran allí». Un buen pastor alimentará a los sanos.

Además de alimentar a los sanos, un buen pastor impulsa a los hombres fuertes a dar sus siguientes pasos. No deja que los hombres se vuelvan complacientes en su progreso espiritual. Por el contrario, los desafía a dar un paso hacia nuevas oportunidades, los anima a profundizar en su fe y los insta a servir a los demás.

UNA INVERSIÓN PERSONAL EN CADA HOMBRE

Tu parroquia ya tiene muchas actividades en las que los hombres pueden participar. No tiene que ser una actividad «solo para hombres» para ayudarles a crecer espiritualmente. ¿Recuerdas los cinco grupos de hombres en tu parroquia y comunidad?

Si quieres mantener el impulso con cada tipo de hombre, alguien tiene que conocer a cada hombre de tu parroquia lo suficientemente bien como para saber en qué punto de su peregrinación espiritual se encuentra y qué necesita hacer para dar el siguiente paso.

Hay que desarrollar suficientes líderes que se interesen personalmente por cada hombre. A continuación, hay que tener oportunidades de ministerio que ayuden a los hombres de cada categoría a avanzar. Aquí es donde viene el trabajo duro: no hay atajos aquí.

Los hombres son buenos para mantener a los demás en una distancia cómoda. Se necesita un tiempo constante juntos para desarrollar más allá del nivel de simples conocidos. Ya hemos descrito esto en detalle en este libro, pero la siguiente es una lista parcial de formas de involucrar a los hombres en las relaciones:

- Estudios bíblicos
- Proyectos ministeriales continuos, como la tutoría de adolescentes
- Programas de estudio orientados a los hombres (familia, matrimonio, trabajo, etc.)
- Dirección espiritual
- Desarrollo de liderazgo matinal con el pastor
- Grupos de oración
- Grupos de apoyo orientados a temas específicos: recuperación de un divorcio, manejo de la pena, etc.

Obviamente, se producirá una superposición. Los estudios bíblicos fomentarán la oración. Los estudios de libros abordarán temas bíblicos. Los grupos de rendición de cuentas estudiarán libros. La clave es involucrar a los hombres en formas que se relacionen con el lugar donde viven, trabajan y juegan.

Crea una variedad de oportunidades para que los hombres se familiaricen mejor con Cristo, pues estarán motivados para conocerlo de muchas maneras diferentes. Un restaurante con un solo artículo en el menú pronto quebrará. Mientras mayor sea la variedad que ofrezcas, más encontrará un hombre algo que le atraiga por donde pase.

SIGUE ALCANZANDO A LA CABEZA, EL CORAZÓN Y LA MANO DE LOS HOMBRES

En el capítulo 3, te presentamos el concepto de que la verdad debe ser entendida, creída y vivida usando las palabras clave cabeza, corazón y manos. Este es un excelente paradigma para ayudarte a determinar el «contenido» de tu programa de discipulado. En otras palabras, analiza lo que quieres que sepan, crean y hagan los hombres, y determina en qué lugar de tu parroquia un hombre tiene la oportunidad de aprender, construir su fe y ponerlo todo en práctica.

Una iglesia de Orlando utilizó este paradigma para crear un gráfico (ver la figura 12, «¿Qué aspecto tiene un discípulo?»). Esta es la pregunta clave: si tuvieras a un hombre solo por cinco años, ¿cuáles serían las cosas que quisieras que él supiera, creyera e hiciera en relación con las principales áreas de las relaciones —Dios, su familia, la iglesia y el mundo— para sentir que lo has discipulado efectivamente?

Por ejemplo, seguramente quisieras que un hombre conociera los atributos y el carácter de Dios, que creyera que Dios lo ama y murió por él, y que supiera cómo acercarse a Él en Su Palabra y en los sacramentos. En el gráfico (Figura 12) se ofrecen sugerencias en los cuatro ámbitos relacionales.

Puedes tomar este cuadro y adaptarlo a los objetivos de discipulado de tu parroquia. Utilízala para auditar tus actividades y eventos para hombres. Pero al lado de cada ítem, pregunta qué es lo que tu parroquia hace actualmente bien para los hombres. Esto te ayudará a identificar los posibles agujeros o lagunas en los que tus iniciativas (solo para hombres) podrían tener un mayor impacto. Entonces podrás planificar cómo abordar las áreas que no están siendo abordadas por otros ministerios de la parroquia. Al final del capítulo se incluye una versión en blanco para que puedas personalizar el cuadro para tu parroquia.

¿Qué aspecto tiene un discípulo?

ISi supieras que solo vas a tener un hombre durante cinco años, ¿cuáles son las ideas y experiencias que te gustaría que tuviera para considerarte un «éxito»?

ASPECTO:	ESFERA RELACIONAL			
	DIOS	FAMILIA	PARROQUIA	EL MUNDO
CABEZA (¿Qué es lo que sabes?)	Teología El catecismo Escritura	Roles de esposos/padres Familia como un pacto/significado en el plan de Dios	Visión, misión y valores Dones espirituales Eclesiología	Misiones Visión del mundo
MANOS (¿Qué haces haces?)	Adoración Disciplinas espirituales	Comunicación Disciplina Liderazgo Sacrificio	Ministerio Administración Liderazgo Rendición de cuentas	Vocaciones Misiones Evangelización Justicia social Comunidad
CORAZÓN (¿Qué es lo que amas?)	Amar a Dios por encima de ti y no tengas ídolos	Amar a la familia por encima de ti	Amar a la iglesia/parroquia por encima de ti	Amar a quienes están desesperados sin Cristo Amar a quienes están devastados por el pecado

Basado en un gráfico elaborado por los líderes de la Universidad de la Iglesia Presbiteriana en Orlando, Florida.

FIGURA 12

¡LAS FLECHAS TAMBIÉN SON IMPORTANTES!

Mantener el impulso es la tercera «velocidad» del motor que hace funcionar la cinta transportadora. Suele ser la menos emocionante de la estrategia de tres partes *Crear-Captur-*

ar-Mantener. Sin embargo, es aquí donde tiene lugar la mayor parte del crecimiento espiritual, y es la mejor manera de asegurarte de que nadie sea dejado atrás.

Asegúrate de comunicar a los líderes de tus pasos de *capturar* que su trabajo es ayudar a los hombres a hacer una transición sin problemas a las actividades de *mantener*. No basta con señalar a los hombres la dirección correcta y decirles: «¡Buena suerte!». Debemos tener la mentalidad de que es nuestra responsabilidad llevar a los hombres al siguiente paso. Dos ejemplos anteriores de esto son las invitaciones personales (capítulo 9) y conseguir un compromiso concreto e inmediato (capítulo 10).

En la tercera y cuarta semana del seguimiento, los líderes comienzan a introducir la idea de que los hombres vayan con sus esposas a la clase del domingo.

En su última reunión, el líder podría decir algo así: «Hombres, esto ha sido muy divertido. Como mencioné antes, nuestro siguiente paso es una clase para parejas. El profesor es John Thomas, que hace un gran trabajo. Las próximas tres semanas hablará sobre cómo proteger nuestros matrimonios contra el divorcio. Mi esposa y yo quisiéramos invitarlos a ustedes y a sus esposas a que se reúnan con nosotros para la clase y luego a comer». ¿Ves cómo esto es una oportunidad concreta y creíble que ayuda a un hombre a querer dar el siguiente paso? Tus líderes necesitan guiar a sus hombres de un paso a otro.

Las flechas del ciclo *Crear-Capturar-Mantener* son importantes. Debemos desarrollar procesos sin fisuras para hacer avanzar a los hombres a lo largo del ciclo.

MANTENER LA CINTA TRANSPORTADORA EN MOVIMIENTO

Las cintas no pueden quedarse quietas; tienen que mantener a los hombres en movimiento en su viaje espiritual. Una vez que han pasado por el ciclo de *Crear-Capturar-Mantener*, pronto será el momento de otra oportunidad para crear. Un estudio de doce u ocho semanas en un grupo pequeño o un semestre de clases es genial, pero esa actividad de mantener necesita impulsar a los hombres hacia la siguiente fase de su crecimiento espiritual. Los hombres complacientes se aburrirán y acabarán yéndose.

Incorpora el concepto de resonancia en tus actividades de *mantener* para ayudar a atraer a los hombres a las oportunidades de desarrollo espiritual continuo. Por ejemplo, «Clases para hombres» probablemente no suene muy interesante para la mayoría de los hombres. Simplemente con llamar a tu clase «Círculo de Ganadores para Hombres» o «Entrenamiento de Supervivencia» aumentará la atención que esta recibe. Dice: «Esto es diferente de la idea preconcebida de que todas las clases son aburridas».

Por último, recuerda la prioridad portal. Asegúrate de que todas las actividades continuas que ofrezcas a los hombres les ayuden a convertirse en discípulos. No permitas que se conviertan en lugares para meter a los hombres a fin de mantenerlos ocupados. Asegúrate de que todos tus esfuerzos están contribuyendo a lograr el propósito de tu ministerio de hombres.

TENER UN MINISTERIO DE HOMBRES SOSTENIBLE A LARGO PLAZO

Se requiere perseverancia y paciencia

Controla tus expectativas y las de tu equipo de liderazgo. No esperes más de lo que promete la Biblia. Cuando utilices la estrategia Visión-Crear-Capturar-Mantener, espera que los hombres se alejen cada vez que pidas niveles más profundos de compromiso. ¿Por qué? Porque el mandato de hacer discípulos se yuxtapone a la parábola del sembrador principal. En otras palabras, a medida que avanzas, una parte de la semilla es arrebatada, otra se marchita y otra es ahogada por las riquezas y preocupaciones de la vida.

No debemos esperar que un hombre escuche «las diez cosas que cree todo hombre piadoso» y lo «entienda» completamente.

Algunos hombres necesitarán varios «ciclos» de crear y capturar antes de estar listos para el crecimiento espiritual a largo plazo de mantener. Pero al final de cada ciclo, también tendrás nuevos hombres que se involucrarán en tu proceso de discipulado.

Pero tampoco esperes menos de lo que promete la Biblia (ver Juan 3:16, 1 Timoteo 1:15, Lucas 19:10, Mateo 13:24, Juan 15:9 y Juan 14:12). El problema no es que nuestros planes sean demasiado grandes, sino demasiado pequeños. Aumenta las expectativas. Educa a los líderes (y a ti mismo) sobre lo que realmente está sucediendo. Hay una batalla espiritual que se libra por las almas de tus hombres. Los síntomas seculares que vemos como el crimen, el divorcio y la adicción al trabajo son en realidad resultados de esta guerra espiritual. Dios quiere que construyamos el reino de Cristo.

La figura 13 muestra el efecto neto de tu ministerio: un crecimiento sostenible a largo plazo. Fíjate en el incremento del número de discípulos a lo largo del tiempo.

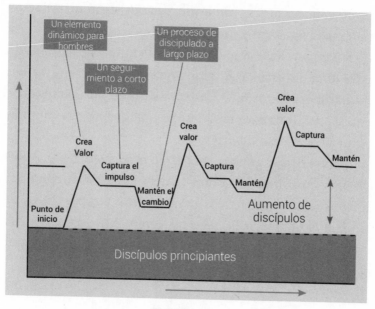

FIGURA 13

El impacto acumulativo de una estrategia continua

No es un proceso lineal

Los gráficos como el de la figura 13 hacen que el proceso parezca muy limpio y ordenado. Crear siempre lleva a capturar y luego a mantener. En realidad, sin embargo, estos procesos suelen traslaparse y entremezclarse. Cuando un hombre es joven en su viaje espiritual, tienes que seguir creando razones convincentes para que se involucre en el proceso del discipulado. Recuerda que tu ministerio a los hombres, y los caminos que los hombres toman hacia la madurez espiritual, no serán lineales.

El paso de crear para un hombre puede ser el paso de mantener para otro. Para un hombre sin iglesia, estar en el equipo de softbol la temporada pasada fue un paso de crear. Disfrutó mucho del asado de final de temporada cuando pudo conocer al sacerdote (un paso de capturar). Para él, participar en la próxima temporada de softbol es un paso de mantener. Para otro hombre del equipo de softbol, dar su testimonio en el asado fue un paso de crear en su camino hacia el liderazgo. Al mismo tiempo, un miembro del equipo reclutó a otro para que se uniera a su nuevo grupo pequeño (un paso de capturar).

Mantener el impulso es el último paso del sistema. Ahora ya tienes una imagen completa del modelo «Ningún hombre fue dejado atrás». Pero entender los conceptos no es suficiente para marcar la diferencia en tu parroquia. Por eso, en el capítulo 12 te ayudaremos a trazar un mapa de cómo será en tu parroquia.

Recuerden esto...

- Dos objetivos para mantener el impulso en tu ministerio de hombres son lograr que ellos se relacionen, y hacer que los hombres participen en grupos pequeños y en el estudio de las Escrituras.

- Se necesita mucho tiempo para hacer un discípulo. No te enojes con los hombres por estar más interesado en su éxito espiritual que ellos.

- En lugar de mostrar a los hombres una lista de «lo que hay que hacer» y «lo que no hay que hacer», muéstrales a Cristo.

- Construye todo —tu equipo de liderazgo, tu ministerio, tus programas de discipulado y cada actividad para los hombres— sobre una base de oración.

- Nunca hemos conocido a un hombre cuya vida haya cambiado de manera significativa sin el contacto regular con Dios en su Palabra y en los sacramentos.

- Reclutar pastores —líderes deseosos de mostrar a los hombres el amor de Cristo— y no maestros; hombres deseosos de mostrar sus conocimientos.

- Emplea el concepto de «resonancia» en todas tus actividades de *mantener*. No es un «Grupo de Hombres» o «Clase», es un «Entrenamiento de Supervivencia».

- Tu ministerio a los hombres, y los caminos que ellos toman a través de él hacia la madurez espiritual, no serán lineales. La estrategia *Visión-Crear-Capturar-Mantener* es una mentalidad.

Hablen de esto...

1. ¿Qué actividades te ayudan a mantener tu propio crecimiento espiritual? ¿Qué es lo que lo hace efectivo? ¿Un buen plan de estudios? ¿La disciplina personal? ¿Otros hombres que te acompañan en el camino? ¿Qué más? ¿Qué implica esto sobre los otros hombres de tu parroquia?

2. ¿Qué tipo de actividades te atraen más? ¿Las que apelan a tu intelecto (cabeza), las que apelan a tus emociones y creencias (corazón), o las que te involucran en algo físico (manos)? ¿Cuáles son las mejores actividades de tu parroquia? ¿Y la peor?

3. A veces, un paso para *crear* puede ser un paso para *sostener* a otra persona. Describe una situación como esta en tu propio ministerio.

4. Repasen juntos los puntos clave del final del capítulo y discutan los que consideren que tendrán mayor impacto en tu ministerio.

5. Como equipo, utiliza el cuadro de la página 236 para llevar a cabo una «auditoría» de las ofertas de tu ministerio a los hombres. Comienza por hacer una lista de todas las ideas y verdades que quieres que un hombre tenga en cada área. Pon una marca al lado de cada elemento que ofrezca tu parroquia a los hombres. Marca con un círculo los elementos que no están disponibles actualmente.

Recen por esto...

Recen juntos como equipo de liderazgo para:

- que Dios te dé sabiduría y paciencia al tratar de acercar a los hombres a Él.
- que Dios convoque a los hombres a relaciones piadosas en las que lo busquen juntos.
- que los hombres tengan hambre de un mayor contacto con Dios en Su Palabra y en los sacramentos.
- que se sientan fortalecidos en el camino hacia el compromiso a largo plazo de formar a los hombres como discípulos en tu parroquia.

¿Cómo debería ser el aspecto de un discípulo en tu parroquia?

Si supieras que solo vas a tener un hombre durante cinco años, ¿cuáles son las ideas y experiencias que te gustaría que tuviera para considerarte un «éxito»?

ASPECTO	ESFERA RELACIONAL			
	DIOS	FAMILIA	PARROQUIA	EL MUNDO
CABEZA (¿Qué es lo que sabes?)				
MANOS (¿Qué haces?)				
CORAZÓN (¿Qué amas?)				

Basado en un gráfico desarrollado por los líderes de la Universidad de la Iglesia Presbiteriana en Orlando, Florida.

12

CONSTRUYE TU PLAN: CÓMO IMPLANTAR EL MODELO EN TU PARROQUIA

¡LO LOGRASTE! Nuestro objetivo era que a estas alturas estuvieras tan lleno de ideas que no pudieras esperar a empezar. Con suerte, ya lo estás haciendo.

Sin embargo, antes de llegar demasiado lejos, es posible que quieras imaginar cómo es el éxito. ¿Es una parroquia llena de hombres que participan en un pequeño grupo? ¿Es el fin de los divorcios en tu parroquia? ¿Es un calendario parroquial lleno de actividades en las que los hombres pueden participar sin importar su nivel de madurez espiritual?

«ES TAN... NATURAL».

Imagina esto: un hombre es ordenado diácono o comisionado como líder laico en tu parroquia. Los miembros de su familia están allí apoyándolo, y están muy orgullosos de él; se puede ver en sus caras radiantes. Entre los que observan están los hombres que han tenido un impacto en la vida del hombre en los últimos años, y los hombres que él ha impactado también.

Le preguntan: «Dinos cómo te ha traído Dios a este punto de su viaje espiritual».

«A decir verdad», responde el hombre, «no estoy muy seguro. La única decisión que recuerdo haber tomado es cuando mi amigo me invitó a unirme al equipo de softbol hace diez años. Después de eso, parecía que cada paso que daba era tan... natural. Era como si no tuviera que decidir qué hacer a continuación. El siguiente paso correcto siempre aparecía cuando estaba preparado para ello».

Esta noción es similar a la de estar en un aeropuerto con pasarelas móviles. Un tipo se sube a un extremo y va al otro. Claro que puede saltar desde un lado o caminar hacia atrás, pero el sistema lo lleva naturalmente hacia el destino.

Así es como debería funcionar un programa de discipulado para hombres en tu parroquia. Un hombre toma la decisión de subirse a la pasarela, y comienza a avanzar. El programa tiene un impulso incorporado. Y para el hombre, es natural.

¿QUÉ ES LO SIGUIENTE PARA TI?

La lectura de este libro ha sido una visión y un paso de crear para ti y tu equipo de liderazgo. Las preguntas del libro y los ejercicios de este capítulo final te ayudarán a capturar el impulso. La forma en que se mantenga ese impulso vendrá determinada por las decisiones que tomes al final de este capítulo y las acciones que emprendas durante los próximos doce meses.

¿Qué viene ahora? Volvamos a trabajar en el sistema y tracemos algunos de los próximos pasos para aplicar el modelo «Ningún hombre fue dejado atrás».

Comenzamos con el ejercicio de prueba de la servilleta. Úsalo para prever el modelo general. A continuación, nos centramos en los ocho componentes que necesitarás para construir tu plan para cada concepto, y se proporciona una lista de pasos o acciones concretas para ayudarte a implementarlos en tu ministerio. Dividimos las actividades en corto plazo (dentro de los próximos tres meses) y largo plazo (dentro del próximo año).

No queremos microgestionar esto (esto es solo un modelo de lo que debes hacer con sus hombres). Tampoco queremos dejarte por fuera, así que aquí hay un par de maneras en las que podrías completar tu plan de ministerio masculino sostenible.

Ocho sesiones

Debido a que este capítulo le da pasos concretos para una sesión o reunión de su equipo de liderazgo, te sugerimos que tomes cuatro sesiones para trabajar en las actividades «En los próximos tres meses» y cuatro sesiones para trabajar en las actividades «En el próximo año».

Si te reúnes regularmente con tu equipo, dedica tus próximas cuatro reuniones a este capítulo. (Haz que cada uno haga la prueba de la servilleta antes de tu primera reunión). Cada vez, trabaja con dos componentes, completando los ejercicios «En los próximos tres meses». Después de tres a seis meses, ten otra serie de cuatro reuniones para completar las actividades «Dentro del próximo año» para cada componente. Esto te dará tiempo para poner en práctica los planes que hiciste.

Retiro de planificación

También puedes utilizar un retiro de planificación para uno o ambos conjuntos de actividades. Planifica cuatro sesiones durante el retiro y cubre dos de los componentes durante cada sesión. Por lo general, será necesario seguir el retiro con una serie de reuniones para repasar los planes de implementación que se elaboren.

Durante el año siguiente, querrás volver a consultar estos planes para ayudarte a mantener el rumbo. A medida que realices estos ejercicios, anota tu trabajo en un cuaderno o diario. Esto te permitirá mantener un registro de tus decisiones, así como facilitar el compartir la información con tu pastor y los nuevos líderes cuando se unan a tu equipo.

Hemos incluido al final una práctica lista de control que te ofrece un ejemplo de calendario. Esta lista de control también te facilita ver si completaste todos los ejercicios de los capítulos.

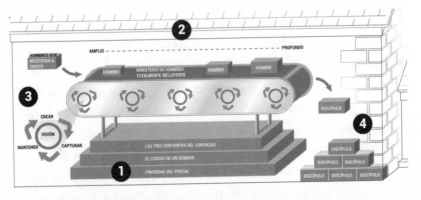

El modelo «Ningún hombre fue dejado atrás»
Un sistema diseñado para producir discípulos apasionados

LA PRUEBA DE LA SERVILLETA

En la introducción, explicamos que queríamos crear un modelo que pasara la prueba de la servilleta. En otras palabras, ¿podrías sentarte en una cafetería y explicar este modelo de ministerio masculino a otro hombre sin más que una servilleta y un bolígrafo?

Observando la ilustración de la página anterior, la siguiente es una rápida sinopsis de cómo explicar el modelo a otro hombre:

1. Empieza con las tres bases de tu ministerio. Dibuja justo en la base de tu servilleta, mostrando tres bloques: la prioridad portal, el código para hombres y los tres hilos del liderazgo. Explica brevemente cada uno de ellos.

2. A continuación, añade el continuo y cómo representa el viaje espiritual hacia la conversión en un discípulo. Dibuja la cinta transportadora con un par de ladrillos «hombre» en ella, mostrando el continuo de amplio a profundo. A continuación, habla de cómo intentas que los hombres se muevan en una cinta transportadora o cinturón por este continuo, donde cada programa tiene una actividad en la parroquia que forma parte de un ministerio incluyente de hombres, que les ayuda a avanzar espiritualmente.

3. Ahora dibuja el motor de la cinta transportadora: la estrategia Visión-Crear-Capturar-Mantener. Dibuja el engranaje de la visión, mostrando los componentes de crear, capturar y mantener.

4. Por último, muéstrales que el resultado del modelo es que los hombres pasan de donde sea que comiencen su jornada espiritual a convertirse en discípulos que ayudan a construir la parroquia. Asegúrate de dibujar los «ladrillos» de discípulos que salen de la cinta transportadora.

En los próximos tres meses, lleva a un amigo a tomar un café o a comer, coge una servilleta y pruébalo. Utiliza el espacio de abajo para practicar.

UN PLAN PARA EL PRÓXIMO AÑO

1. Explicar la prioridad portal
El libro comenzó con tu filosofía del ministerio: el discipulado es la prioridad portal. Es el lente que enfoca todas las diferentes actividades de la parroquia para lograr los re-

sultados que buscas (mira el capítulo 5). Si no te centra en la creación de discípulos como prioridad, harás donantes, cantantes y buenos trabajadores, pero no administradores, adoradores o servidores. En resumen, las personas se adaptarán al entorno de la parroquia y mostrarán los comportamientos correctos, pero sus corazones no cambiarán (lee Romanos 12:2). Los controles externos no tienen poder para cambiar el corazón de un hombre, pero el discipulado cambia a los hombres de adentro hacia afuera.

Esta es una imagen de *la prioridad portal*.

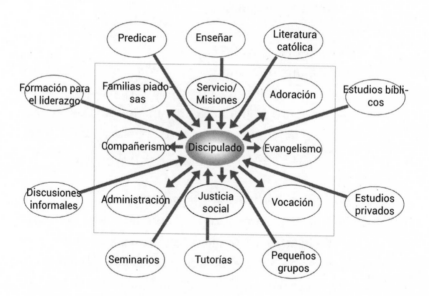

Haz un nuevo cuadro de la prioridad portal para tu parroquia. Cambia los resultados dentro del cuadro para que coincidan con los resultados objetivo de tu parroquia. ¿Cómo logra tu parroquia estos objetivos? Revisa los métodos (por fuera del recuadro) y reubíquese con las diversas actividades disponibles para los hombres de tu parroquia. El siguiente es un plan de tres a nueve meses para hacerlo.

En los próximos tres meses:
- Identifica a dos líderes que representen un esfuerzo de hacer discípulos en tu parroquia. Estos hombres podrían ser el líder de sus grupos pequeños y un destacado profesor de educación religiosa, por ejemplo. Involúcralos en la discusión sobre la prioridad portal. Obtén su reacción a estos métodos para discipular a hombres y mujeres.

Durante el próximo año:
- Busca una oportunidad para compartir la prioridad portal con todos los líderes de tu parroquia, tal vez en un retiro de liderazgo, en una reunión del consejo parroquial o en una reunión de personal. Por supuesto, primero necesitarás la aceptación de tu párroco.

2. Modificar el código para hombres
Todo hombre que entra a tu parroquia tiene una impresión casi instantánea de cómo esta considera a sus hombres. Desde la decoración hasta el boletín y la calidad del liderazgo, los hombres aprenden rápidamente lo que significa ser un hombre en tu parroquia (mira el capítulo 5). ¿Cómo puedes ayudar a tu parroquia a establecer un código adecuado para los hombres?

En los próximos tres meses:
- Busca en tu parroquia cualquier decoración obvia

que haga que los hombres se sientan bienvenidos. ¿No ves ninguna? Haz algunas sugerencias a las personas adecuadas para que los hombres se sientan más cómodos en tu parroquia. Empieza por tu párroco y sigue por ahí. Si puedes, ofrécete a pagar los cambios. Vuelve a tu trabajo en el capítulo 5 y enumera algunos cambios que sugerirías.

Durante el próximo año:

- Reúne a un grupo de hombres para discutir cómo hacer que el ambiente de tu parroquia sea más amigable para los hombres. Anota algunas ideas y elige las mejores para ponerlas en práctica. Estos son algunos ejemplos para que te pongas en marcha:
- Crea una sección para hombres en tu boletín. No la llenes de anuncios aburridos. Haz que diferentes hombres escriban un breve testimonio para el boletín una vez al mes. Haz que parezca un reto y una diversión ser un hombre en tu parroquia.
- Pon un tablón de anuncios sobre cada urinario del baño de hombres y coloca tu «desafío externo» a los hombres, anuncios sobre el ministerio de hombres, junto con chistes y la página de deportes.

¿Qué otras ideas tienes?

3. *Desarrollar las tres vertientes del liderazgo*

La cuerda de tres hilos no se rompe fácilmente. Las tres vertientes del liderazgo para tu ministerio a los hombres son: su pastor, un líder apasionado y el equipo de liderazgo comprometido. (Para una discusión detallada, revisa el capítulo 6).

En los próximos tres meses:

- Reza con frecuencia por tus sacerdotes, tanto individualmente como con otros líderes. Acostúmbrate a incluir a tu párroco en todas las comunicaciones sobre el ministerio masculino. Discute con tu equipo de liderazgo las formas en que podrías darte a conocer como partidario del pastor. Escribe algunas formas específicas en las que tú y tu equipo de liderazgo podrían ser un estímulo para el pastor. (Comienza aquí o utiliza un cuaderno o diario para registrar tus respuestas).

_____

_____

_____

- ¿Tienes un líder apasionado en tu ministerio a los hombres? Si es así, escribe su nombre aquí (o en tu cuaderno o diario). Si no es así, escribe los nombres de varios hombres que sean posibles. Comienza a rezar para que Dios levante a tu hombre.

_____

_____

_____

- Utiliza las dos columnas (o hazlas en tu cuaderno o diario). En la primera columna, anota los miembros de tu equipo de liderazgo ministerial. ¿Representan los cinco tipos de hombres de tu parroquia a los que estás tratando de alcanzar? Si no es así, anota en la segunda columna los hombres que podrías reclutar para tu equipo de liderazgo. En los próximos tres meses, reúnete con uno de estos hombres y comparte tu visión para formar hombres como discípulos.

Hombres en el equipo del ministerio	Candidatos para el equipo del ministerio

Dentro del próximo año:
- Planifica un acto importante de agradecimiento para tu pastor. Organiza una cena de hombres con tu pastor como invitado de honor sorpresa, o busca una cabaña o un retiro al que puedas escaparte durante un par de días para alejarse de todo. Anota algunas ideas y elige una o dos para llevarlas a cabo.

_____

_____

_____

_____

- ¿Necesitas reclutar más hombres para tu equipo de liderazgo? Reúnete con un líder potencial diferente en un café o un almuerzo cada mes durante un año. Acostúmbrate a buscar siempre al siguiente hombre con el que puedas compartir tu visión. Haz con tu equipo de liderazgo una lista de hombres cuya participación activa vas a buscar.

_____

_____

_____

_____

- Tu equipo de liderazgo debe convertirse en lo que esperan que sean los hombres de la parroquia. Hay muchos materiales católicos disponibles: el Instituto Católico Dinámico es un buen lugar para empezar.

4. Desarrollar un ministerio incluyente de hombres

Todo lo que hace tu parroquia en relación con los hombres es ministerio masculino, aunque no sea un programa exclusivo para hombres. Tu ministerio de hombres está compuesto por todos los hombres de tu parroquia, además de aquellos que te gustaría que estuvieran allí. (Para una discusión detallada, revisa el capítulo 7.) Busca también oportunidades para que el ministerio a los hombres apoye a los otros ministerios de la parroquia. Además, busca maneras de conectar a más hombres con las diferentes iniciativas que están trabajando para discipular a los hombres en tu parroquia.

En los próximos tres meses:

- Enumera algunos ministerios existentes en tu parroquia que no se consideren tradicionalmente «ministerios de hombres». ¿Cuáles son las formas concretas en que podrías ayudarlos a alcanzar a los hombres de una manera más efectiva?

_____

_____

_____

_____

Dentro del próximo año:

- Ayuda a cada hombre de tu parroquia a darse cuenta de que es parte de tu ministerio masculino. ¿Cómo puedes lograr eso? Haz una lista de ocho o diez formas principales en las que los hombres están involucrados en tu parroquia, y al lado de cada una, escribe uno o dos pasos concretos para ayudarles a sentirse parte de lo que Dios está haciendo a través de los hombres en tu parroquia.

Ejemplo:

Los hombres que trabajan en el comedor social.

Regálales delantales con el logo del ministerio de hombres.

Los hombres que ayudan en la liga deportiva juvenil.
Haz una cena de agradecimiento para los entrenadores y árbitros.

---

5. *Aclarar tu visión*

Ayuda a los hombres a responder la pregunta: «¿Por qué hacemos esto?». Todos quieren sentir que están haciendo una contribución; quieren saber que están logrando algo. Un ministerio que no es más que una serie de actividades inconexas se agotará pronto.

En el capítulo 8, trabajaste en una declaración de propósito interno, un eslogan externo y un discurso de ascensor. Tener una visión clara te ayuda a enfocar tu energía para lograr metas valiosas:

- Tu declaración de propósitos internos ayuda a tu equipo de liderazgo a decidir lo que va a hacer y lo que no va a hacer.
- Tu eslogan externo tiene que resonar con los hombres, llamándolos a formar parte de algo más grande que ellos mismos.
- El discurso de ascensor explica tu visión para los hombres en unas pocas frases breves, y es especialmente útil para reclutar nuevos líderes.

En los próximos tres meses:

- Desarrolla un eslogan externo para los esfuerzos de tu ministerio masculino. Anota algunas ideas aquí (o en tu cuaderno de notas o diario), y trabaja en ello como equipo. Obtén la aceptación y el apoyo de tu pastor y de otros líderes.

_____

_____

_____

_____

Durante el próximo año:

- Desarrolla una nueva declaración de propósito interna para tu ministerio de hombres. No olvides que tu declaración de propósitos es dinámica. Puede cambiar de un año a otro a medida que cambien tus objetivos. Pero asegúrate de que tu declaración de propósitos esté en línea con la misión de la parroquia. Consulta el trabajo que hiciste en el capítulo 8 y escribe un borrador de la declaración. Haz que más hombres participen en la revisión y el acuerdo de estas prioridades.

_____

_____

_____

_____

- Ayuda a cada uno de los hombres de tu equipo de liderazgo a elaborar un discurso electivo: de tres a cinco frases que expliquen tu visión a los hombres de la parroquia. Puedes empezar con el borrador del capítulo 8 y pedir la opinión de otros hombres. A continuación, distribuye tu borrador final a otros líderes y pídeles que personalicen el discurso para su propio uso con los hombres.

6. Crear valor

Creamos un impulso atrayendo a los hombres para que pasen al siguiente nivel. Lo hacemos proporcionando algo de valor para ellos. Para los hombres al principio de su viaje, el valor puede provenir de la diversión y el compañerismo. Pero a medida que un hombre avanza, debe tener sus necesidades espirituales satisfechas más directamente.

Nota: Para los ejercicios de crear y capturar que se presentan a continuación, asegúrate de remitirte al trabajo que hiciste en las preguntas de discusión «Hablemos de esto» al final de los capítulos 9 y 10.

En los próximos tres meses:

- ¿Tienes algunos acontecimientos previstos en un futuro próximo? Escríbelos a continuación. Luego, indica en cuál de los cinco tipos de hombres se centrará cada evento, y cómo invitarás personalmente a los hombres a asistir. ¿Qué podrías cambiar de estos eventos basándote en lo que has leído?

Durante el próximo año:

- Utiliza un papel o una hoja de cálculo para planificar un calendario de doce meses para crear oportunidades para los hombres de tu parroquia. (Recuerda que no tienen que ser iniciativas solo para hombres y, como hemos dicho en otro lugar, ni siquiera tienen que ser planificadas por tu equipo de liderazgo). Procura que haya al menos una oportunidad para cada tipo de hombre en tu parroquia durante el año. Asegúrate también de que tus actividades apoyen el propósito general del ministerio masculino.

7. Capturar el impulso

No tiene sentido dar a los hombres algún tipo de estímulo emocional o espiritual sin darles el siguiente paso que necesitan para mantener el terreno capturado. Nunca crees un impulso —ya sea un gran evento o un almuerzo con un nuevo hombre—, sin un plan para lo que sigue. Adopta la mentalidad del «siguiente paso correcto» para evitar el desperdicio de esfuerzos. El siguiente paso correcto es siempre concreto y alcanzable: un hombre se va habiendo asumido ya el compromiso y sabiendo lo que hará a continuación.

En los próximos tres meses:

- Observa los eventos y oportunidades que ya tienes programados para los hombres. ¿Tiene cada actividad un paso siguiente claro y apropiado para los hombres que van a participar? Vuelve a tu lista anterior y escribe cuál será el siguiente paso para cada actividad o evento que ocurra en los próximos seis meses. Comienza a elaborar un cuadro que muestre los «caminos» a través de tus programas de discipulado de hombres. Mira los ejemplos que aparecen a continuación y utiliza el cuadro que aparece al final del capítulo.

Nota: Es imposible tener más de una oportunidad de capturar para una actividad de crear. Por ejemplo, si estás creando un impulso para un líder al tomar un café con él para discutir tu visión de formar hombres como discípulos, puedes invitarlo a rezar por algunas necesidades específicas y cómo él podría querer involucrarse, invitarlo a tu próxima reunión de equipo de líderes, o, basado en su interés, invitarlo a una clase de entrenamiento para líderes de grupos pequeños. Todos estos serían pasos de capturar adecuados, pero no puede haber más de uno por actividad de construcción de impulso.

Dentro del próximo año:
- Adopta la mentalidad del «siguiente paso correcto» en todas tus interacciones con los hombres. Ahora que has aprendido esta técnica de listar tus actividades, cada vez que planifiques una activi-

dad de cualquier tipo, dibuja un «camino» para un hombre que asista que muestre cuál será el paso de capturar. Asigna cada actividad a un líder que se encargue de ejecutar estos pasos de seguimiento.

8. *Mantener el impulso*

El cambio a largo plazo casi siempre se produce en el contexto de las relaciones. ¿Cómo vas a involucrar a los hombres en oportunidades de discipulado basadas en las relaciones en la parroquia? Mantén el cambio en la vida de los hombres centrándote en sus vidas espirituales, y no en sus comportamientos (revisa el capítulo 11). No permitas que los hombres parezcan buenos por fuera, pero estén huecos y muertos por dentro. Desafía las motivaciones de los hombres más que su comportamiento.

Dentro de los próximos tres meses:
- Haz una lista de las diferentes oportunidades de discipulado permanente en tu parroquia según los cinco tipos de hombres descritos en el capítulo 11. Por ejemplo, incluye clases de formación en la fe para adultos, grupos pequeños y oportunidades de servicio.

HOMBRES QUE NECESITAN A CRISTO

_____

_____

_____

_____

HOMBRES CATÓLICOS NO COMPROMETIDOS

_____

_____

_____

_____

HOMBRES CATÓLICOS MADUROS

_____

_____

_____

_____

LÍDERES DE HOMBRES CATÓLICOS

_____

_____

_____

_____

HOMBRES QUE ESTÁN SUFRIENDO

_____

_____

_____

_____

- ¿Cómo vas a conectar a los hombres con estas actividades? Utiliza el cuadro que aparece al final del capítulo para determinar cómo conectarás a los hombres en el paso de capturar con las oportunidades de discipulado continuo enumeradas anteriormente. Este es un ejemplo de un camino «completado»:

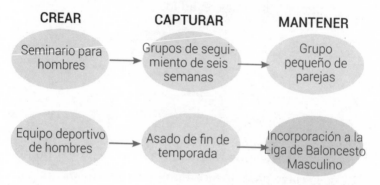

CREAR — **CAPTURAR** — **MANTENER**

Seminario para hombres → Grupos de seguimiento de seis semanas → Grupo pequeño de parejas

Equipo deportivo de hombres → Asado de fin de temporada → Incorporación a la Liga de Baloncesto Masculino

Nota: Puede haber múltiples oportunidades de mantener después de un paso de capturar. Por ejemplo, puedes ofrecer a los hombres de los grupos de seguimiento de seis semanas la opción de permanecer en sus grupos durante otras seis o doce semanas, unirse a un grupo pequeño de parejas con sus esposas, o a una clase regular de formación en la fe. Recuerda que el líder del paso de capturar es responsable personalmente de guiar a los hombres hacia la actividad de mantener.

Dentro el próximo año:

- Vuelve a consultar el gráfico cabeza-corazón-manos del capítulo 11. ¿Ves algún hueco en la oferta actual de la parroquia para hombres? Planifica desarrollar nuevas oportunidades de discipulado a largo plazo para los hombres que llenen estos vacíos. Estas deberán ser implementadas en los próximos años. Haz una lista de dos o tres oportunidades diferentes de mantener no disponibles actualmente que te gustaría ofrecer a los hombres. Comienza a rezar por los pasos que deberás dar para hacerlas realidad.

_____

_____

_____

_____

No olvides seguir repitiendo el ciclo con los hombres. Esa es la clave para que los hombres sigan avanzando en el continuo.

TU LISTA DE CONTROL DE LAS ACTIVIDADES A CORTO Y LARGO PLAZO

Esta es una lista de control de las actividades a corto y largo plazo que se han recopilado anteriormente.

En los próximos tres meses

Primera sesión:

- ☐ Haz la «prueba de la servilleta» con un amigo.
- ☐ Discute la prioridad portal con dos líderes de formación de discípulos de tu parroquia. Por ejemplo, el líder de los grupos pequeños y el director de educación religiosa.
- ☐ Elabora una lista de cambios sutiles de decoración

que harían que tu parroquia fuera más acogedora para los hombres. Discútela con tu párroco.

Segunda sesión:

- ☐ Acostúmbrate a rezar por tus sacerdotes con regularidad, tanto individualmente como con los líderes.

- ☐ Haz una lista de formas específicas en las que podrías ser un estímulo para los sacerdotes de tu parroquia.

- ☐ Si no tienes un líder general del ministerio de hombres, haz una lista de hombres apasionados por el discipulado, y reza para que Dios llame a Su hombre a dirigir tu ministerio. Haz una lista de hombres de tu equipo de liderazgo. Haz una segunda lista de hombres que quieras reclutar para tu equipo con el fin de ayudarte a alcanzar los cinco tipos de hombres descritos en el capítulo 11.

- ☐ Haz una lista de los ministerios existentes en tu parroquia que no se consideran tradicionalmente ministerios masculinos. Busca formas concretas de ayudarles a alcanzar a los hombres de manera más eficaz.

Tercera sesión:

- ☐ Desarrolla un eslogan externo para los esfuerzos de tu ministerio masculino.

- ☐ Para los próximos eventos de capturar, determina a cuál de los cinco tipos de hombres se dirigirá el evento y cómo los invitarás personalmente.

☐ Determina el paso de capturar para cada evento de creación que enumeraste y haz un cuadro que muestre los «caminos» que seguirán los hombres.

☐ Haz una lista de las diferentes oportunidades de discipulado continuo de tu parroquia, organizadas según los cinco tipos de hombres (mantener).

☐ Para cada camino de crear-capturar, traza el paso potencial de mantener que un hombre podría dar al final del paso de capturar.

Durante el próximo año

Primera sesión:

☐ Comparte la prioridad portal con todos los líderes de tu parroquia.

☐ Reúne a un grupo de hombres para que discutan cómo hacer que tu entorno parroquial sea más amigable para los hombres, desde la decoración hasta el boletín y la liturgia. Empieza a poner en práctica algunas ideas.

Segunda sesión:

☐ Planifica un gran acto de agradecimiento para tus sacerdotes. Sé creativo.

☐ Comparte tu visión para formar a los hombres como discípulos con un líder potencial diferente cada mes. Haz que los miembros de tu equipo de liderazgo se comprometan a hacer esto también.

☐ Inicia un programa de discipulado con tu equipo de liderazgo.

- [ ] Haz una lista de las formas en que los hombres participan en tu parroquia. Diseña pasos concretos para que esos hombres se sientan involucrados en lo que Dios está haciendo a través de los hombres de tu parroquia.

Tercera sesión:

- [ ] Desarrolla una nueva declaración interna de propósitos.
- [ ] Ayuda a cada miembro del equipo de liderazgo a desarrollar su discurso de ascensor.
- [ ] Haz un calendario de doce meses para crear oportunidades. Comienza con actividades ya planificadas por tu participación en las que puedan participar los hombres, y luego añada eventos exclusivos para ellos con el fin de garantizar que alcances a los cinco tipos de hombres al menos una vez.

Cuarta sesión:

- [ ] Determina el paso de capturar para cada oportunidad de crear en tu calendario, incluso las que no sean solo para hombres. Trace las secuencias de crear-capturar para construir los caminos que seguirán los hombres.
- [ ] Para cada camino de crear-capturar, traza el posible paso de mantener que podría dar un hombre al final del paso de capturar.
- [ ] Utilizando la tabla de cabeza-corazón-manos, busca las «lagunas» en las oportunidades actuales

de discipulado de tu parroquia para los hombres. Haz planes a largo plazo para desarrollar oportunidades de mantener a fin de llenar esos vacíos.

Utiliza el siguiente cuadro (o haz el tuyo propio) para trazar «caminos» para los hombres a través de tus programas de discipulado.

Caminos a través del discipulado

CREAR   CAPTURAR   MANTENER

EPÍLOGO: ELEVAR A LOS LÍDERES DE LA CUARTA SEMILLA

EN LA PARÁBOLA del sembrador y la semilla, Jesús describió cuatro semillas. De la cuarta semilla, dijo: «Pero el que fue sembrado en buena tierra, este es el que oye la palabra y la entiende, el que de veras lleva fruto y produce, uno a ciento, otro a sesenta, y otro a treinta por uno» (Mateo 13:23). A este tipo de hombre lo llamamos «líder de la cuarta semilla».

Un líder de la cuarta semilla es una persona que «recibe» el evangelio, se siente cada vez más honrado por la gracia de Dios, y vive en el desbordamiento de una relación vibrante con Jesucristo. Los líderes de la cuarta semilla sienten que van a explotar a menos que puedan llevar a otros a una relación más profunda con Cristo y ayudarlos a crecer.

Los líderes de la cuarta semilla deben compartir el evangelio o no podrán ser felices. Quieren «llevar mucho fruto, y así demostrar que son discípulos [de Cristo]» (Juan 15:8). ¿No es este el tipo de líder que quieres ser? ¿No es este el tipo de líderes que quieres desarrollar?

¿DÓNDE ESTÁN LOS LÍDERES DE LA CUARTA SEMILLA?

Según www.cara.georgetown.edu, en 2016 había 17.233 parroquias católicas romanas. Aproximadamente siete millones de hombres de quince años o más están en estas parroquias. Estimamos que el uno por ciento de todos los hombres católicos estadounidenses son líderes de la cuarta semilla: líderes apasionados por alcanzar a los hombres para Jesucristo. Eso supondría un promedio de unos cuatro hombres por parroquia. Muchas mujeres también se apasionan por ver a los hombres encontrar su fe.

SE NECESITAN MÁS LÍDERES DE LA CUARTA SEMILLA

Algunos líderes se contentan con alcanzar un círculo de tres, seis o incluso diez personas. Aplaudamos esto: mejor seis, caminando en una relación cercana con Cristo, que ninguno. Pero para lograr la visión de Cristo de hacer discípulos a todo hombre, mujer y niño dispuesto, también necesitamos líderes que sueñen en grande, piensen en grande y arriesguen en grande. ¿Eres un líder que quiere alcanzar a toda tu parroquia, a toda tu diócesis, a toda tu ciudad, a todos tus compañeros? ¿Eres un líder que quiere alcanzar a treinta, sesenta o cien o más almas para Jesucristo? ¿Estás comprometido con la visión de que ningún hombre católico sea dejado atrás? ¿Te gustaría ver a Dios hacer algo grande a través de tu vida? Si es así, bienvenido a la batalla por las almas de los hombres: eres un líder de la cuarta semilla.

Nuestra oración es para que este libro te haya provisto para implementar un sistema de discipulado en tu parroquia y multiplicarse como la cuarta semilla de la parábola de Jesús. Rezamos para que también te ayude a levantar a otros líderes para que se unan a ti.

¿POR QUÉ «NINGÚN HOMBRE FUE DEJADO ATRÁS»?

Dios nos ha dado la responsabilidad y el privilegio del liderazgo espiritual. Nos ha llamado a discipular a todos los hombres de nuestras parroquias y diócesis. Las consecuencias son demasiado importantes para no hacer todo lo posible por ser fieles.

Por encima de todo, el liderazgo es un llamado, un llamado de Dios. Tu vida y tu ministerio pueden ser un puesto de avanzada espiritual para los hombres: una nueva misión de rescate, una casa de transición, un hospital para hombres con las alas rotas. Estamos aquí para ayudar a los hombres a cambiar los afectos centrales de sus corazones, para ayudarles a creer que el evangelio puede cambiar sus vidas, para mostrarles un ejemplo vivo (aunque imperfecto) de un hombre según el corazón de Dios.

Jesús nos confía a los hombres. Él dijo:

> «Después de mucho tiempo, vino el señor de aquellos siervos y arregló cuentas con ellos. Cuando se presentó el que había recibido cinco mil monedas, trajo otras cinco mil monedas y dijo: «Señor, me entregaste cinco mil monedas; he aquí he ganado otras cinco mil». Su señor le dijo: «Bien, siervo bueno y fiel. Sobre poco has sido fiel, sobre mucho te pondré. Entra en el gozo de tu señor» (Mateo 25:19-21).

No somos responsables por los resultados con nuestros hombres, pero sí somos responsables de ser fieles a ellos.

La responsabilidad requiere compromiso. «Hermanos míos, no se hagan muchos maestros sabiendo que recibiremos juicio más riguroso» (Santiago 3:1). Recordemos que es mucho lo que está en juego.

Esto también requiere un esfuerzo de equipo. Si lees este libro solo, comienza a rezar por otros hombres a quienes Dios podría llamar para que se unan a ti en tus esfuerzos por discipular a los hombres. Como verás, ningún líder puede hacer esto solo.

Guiar a los hombres es también un privilegio raro y santo; podemos unirnos a Dios mismo en Su obra. A nuestro alrededor se libra una batalla por las almas de los hombres. Dios está con nosotros en la batalla; juntos podemos ganar. No podemos, no debemos, y por la gracia de Dios, no fracasaremos.

Por lo tanto, comprometámonos a ser fieles.

Dios, te pedimos la fortaleza, la sabiduría y el tiempo para producir una cosecha: cien, sesenta o treinta veces más de lo que has sembrado en nosotros. Ayúdanos a cumplir fielmente las responsabilidades de formar hombres como discípulos a las que ahora nos comprometemos. Y haz que uses este libro en la vida de los líderes para asegurarte de que ningún hombre católico sea dejado atrás. Te lo pedimos en el nombre de Jesús. Amén.

¿Eres un líder de la cuarta semilla? ¿Te gustaría ponerte en contacto con otros líderes como tú para recibir ánimos, compartir ideas y aprender las mejores prácticas? Envía un correo electrónico a nfcmusa.com para obtener información sobre cómo unirte a la comunidad de líderes. Tendrás acceso a dos recursos en línea para el liderazgo del ministerio católico de hombres.

LAS GRANDES IDEAS

Hemos reunido las Grandes Ideas de cada capítulo en una página para ayudarte a repasar los principales conceptos del Modelo «Ningún hombre fue dejado atrás». (¡Esto debería ayudarte a pasar la prueba de la servilleta!)

1. El sistema de discipulado de tu iglesia está perfectamente diseñado para producir el tipo de hombres que tienes sentados en los bancos.

2. Una reforma espiritual de la sociedad comienza con una reforma espiritual de los hombres.

3. Un discípulo es llamado a caminar con Cristo, provisto para vivir como Cristo, y enviado a trabajar para Cristo (discípulo).

4. El cristianismo no consiste en la modificación de la conducta, sino en la transformación espiritual.

5. En pocas semanas, un hombre entiende lo que significa ser un hombre en su parroquia (código de un hombre).

6. Las tres vertientes del liderazgo para tu ministerio son el sacerdote, un líder principal y un equipo de liderazgo (las tres vertientes del liderazgo).

7. Elabora un proceso sin fisuras para mover a los hombres a través del continuo de amplio a profundo.

8. Un ministerio masculino incluyente maximiza el impacto de cada interacción con cada hombre, sin importar el entorno (un ministerio incluyente para hombres).

9. Las ideas son más poderosas que el trabajo. Las ideas ponen en movimiento fuerzas que, una vez liberadas, ya no pueden ser contenidas (visión).

10. Dales a los hombres lo que necesitan en el contexto de lo que quieren (crear).

11. Siempre que crees un impulso, muestra a los hombres el siguiente paso correcto (capturar)

12. Nunca hemos conocido a un hombre cuya vida haya cambiado de manera significativa sin haber tenido contacto regular con Dios en Su Palabra y en los sacramentos (mantener).

NOTAS

1. Conferencia Episcopal de Estados Unidos (USCCB, por sus siglas en inglés), *Our Hearts Were Burning Within Us: A Pastoral Plan for Adult Faith Formation in the United States A Pastoral Plan for Adult Faith Formation in the United States* (1999).
2. USCCB, *Catholic Men's Ministries: A Progress Report by the Committee on Marriage and Family and the Committee on Evangelization* (2002).
3. Papa Juan Pablo II, *L'Osservatore Romano* (24 de marzo de 1993), p. 3.
4. Richard J. Foster, *Celebration of Discipline: The Path to Spiritual Growth* (Grand Rapids, MI: Zondervan, 1988) p. 107.
5. http://cara.georgetown.edu/frequently-requested-church-statistics/.
6. USCCB, *Our Hearts Were Burning within Us: A Pastoral Plan for Adult Faith Formation in the United States* (17 de noviembre de 1999).
7. La Asociación Nacional de Hombres Católicos ofrece este tipo de recursos en su página web nfcmusa.com.
8. U.S. Census Bureau; Wade F. Horn y Tom Sylvester, *Father Facts* (Gaithersburg, MD: National Fatherhood Initiative, 2002).
9. http://nineteensixtyfour.blogspot.com/2013/09/divorce-still-less-likely-among.html.
10. James Dobson, *Bringing Up Boys* (Wheaton, IL: Tyndale, 2001), p. 160.

11. «Nadar con los tiburones (y sobrevivir)», *Go Magazine*.

12. Ralph Mattson y Arthur Miller, *Finding A Job You Can Love* (Nashville: Thomas Nelson, 1982), p. 123.

13. http://www.covenanteyes.com/pornstats/ (2014).

14. El artículo apareció en la edición del 10 de diciembre de 2004 del *Washington Post*, y se cita con permiso.

15. Papa Pablo VI, *Evangelization in the Modern World* (Ciudad del Vaticano: Libreria Editrice Vaticana, 1975), p. 14.

16. *Ibíd.*, p. 27.

17. Juan Pablo II, *Ecclesia de Eucharistia* (Ciudad del Vaticano: Libreria Editrice Vaticana, 2003).

APÉNDICE A

Veinticinco maneras de conectar con tus párrocos y sacerdotes

Si queremos conectar con nuestros sacerdotes, la idea principal es no exigirles nada. En cambio, hay que ayudarles a cumplir su misión. En cierto modo, nos convertimos en una parte de su ministerio en lugar de ser el objeto de su ministerio. Estas son otras veinticinco ideas:

HAZ

1. Escribe una nota a tu sacerdote para reconocer un trabajo bien hecho. Piensa en algo muy específico que él haga bien, por ejemplo, sus homilías o la forma en que escucha en la confesión.

2. Invita a tus vecinos a la iglesia y preséntales a tu sacerdote después de la misa.

3. Diles a los sacerdotes de tu parroquia que rezas por ellos, y luego hazlo. Si estás lo suficientemente cerca, pide peticiones de oración específicas.

4. Habla siempre bien de tus sacerdotes. Los pajaritos inevitablemente pican cuando dices cosas malas.

5. Defiende siempre a tu párroco. El principio es: «Yo defiendo a mis amigos».

6. Pregunta a tu pastor cuáles son sus objetivos y cómo puedes ayudarle.

7. Ofrécete como voluntario para servir en la parroquia.

8. Dale a tu párroco una tarjeta de regalo para su restaurante favorito.

9. Pide la formación de un pequeño grupo para discipular

a algunos hombres de la parroquia; mejor aún, simplemente hazlo.

10. Pide la opinión de tus sacerdotes sobre los materiales de discipulado que deberías utilizar.

11. Sé un hombre, un esposo y un padre justo y piadoso. Sé una bendición y no una carga para tus sacerdotes.

12. Sé un buen administrador financiero; diezma.

13. Participa en un grupo pequeño.

14. Reza con tu esposa (esto reducirá la carga de consejería de tu pastor).

15. Lee las Escrituras todos los días. Llénate de la Palabra de Dios: esto no puede más que desbordarse en formas visibles para otros (aunque probablemente no para ti).

16. Lleva a tus hijos a misa y a la educación religiosa. Los niños piadosos son una bendición en cualquier parroquia (si es importante para ti, será importante para ellos).

NO HAGAS

1. No esperes que tus sacerdotes asistan a una gran cantidad de eventos sociales. Más bien, expresa tu amor y tu aprecio verbalmente; o mejor aún, envíale una nota escrita a mano. Respeta el hecho de que el tiempo es el recurso más limitado de un párroco.

2. No ofrezcas críticas constructivas hasta que te hayas ganado el derecho (diez elogios antes de estar calificado para hacer una crítica constructiva).

3. No critiques a tus sacerdotes a sus espaldas. Si te gusta lo que pasa, díselo a tus amigos. Si no te gusta lo que pasa, díselo a tu párroco (pero remítete a los «no» anteriores).

4. No esperes que tus sacerdotes sean televangelistas o personalidades de EWTN.

5. No presiones a tu párroco para que destine recursos a tu programa. En lugar de ello, empieza a formar hombres como discípulos y, a medida que tu ministerio crezca, cuéntales o envíales historias de éxito a tus pastores. Primero los resultados y luego el apoyo en su debido orden.

6. No te enojes con tus sacerdotes por el simple hecho de ser humanos.

7. No presiones a los sacerdotes de manera que pongas a prueba su salud física y mental.

Adaptado de *The Weekly Briefing* (El informe semanal), de Patrick Morley, volumen 126. Disponible en línea en www.maninthemirror.org.

APÉNDICE B

Ejemplos de declaraciones de visión

Los siguientes componentes de la visión (declaraciones de propósitos internos, lemas externos y nombres de ministerios) fueron presentados por varias iglesias con las que ha trabajado Hombre en el espejo. Agradecemos tu disposición para compartirlos.

Declaraciones de propósito interno

1. El propósito del Ministerio Masculino Hombre de Hierro es ayudar a los hombres de nuestra iglesia a convertirse en discípulos: hombres llamados a caminar con Cristo, provistos para vivir como Cristo y enviados a trabajar para Cristo (2 Timoteo 3:15-17). Haremos esto ayudando a los hombres a desarrollar relaciones auténticas con hombres cristianos que les ayudarán a:

- Encontrar el verdadero significado del evangelio, la verdadera enseñanza relevante y las experiencias compartidas;
- Llegar a ser líderes en sus hogares y en su iglesia; y
- Ser ejemplos vivos del evangelio en el mercado, la comunidad y el mundo.

2. Formar hombres y líderes piadosos, a través de la capacitación en las aplicaciones prácticas y cotidianas de la Palabra de Dios del servicio para satisfacer las diversas necesidades de la comunidad.

3. Educar hombres piadosos a través del discipulado relacional y el poder del Espíritu Santo.

4. Construir relaciones con los hombres, para alentarlos en términos prácticos y acercarlos a Cristo a través del compañerismo, la tutoría y el discipulado.

5. Llegar a ser una comunidad de hombres transformados que dejen un legado duradero en honor a Jesucristo.

6. Animar y equipar (formar) a cada hombre para que sea comprometido, competente, creativo y compasivo en el servicio a los demás para la gloria de Dios.

7. El propósito de nuestro ministerio de hombres es:

- Ayudar a conectar a los hombres en relaciones más profundas con otros hombres cristianos que se animan, apoyan y rezan unos por otros en sus luchas contra todo tipo de pecado. «El hierro con hierro se afila y el hombre afina el semblante de su amigo». (Proverbios 27:17).

- Ayuda a los hombres a iniciar o continuar su camino para ser un auténtico hombre cristiano que siga a Jesús. «Por tanto, vayan y hagan discípulos de todas las naciones, bautizándolos en el nombre del Padre, del Hijo y del Espíritu Santo» (Mateo 28:19).

- Proveer (formar) a los hombres para el servicio espiritual en el hogar, el sitio de trabajo y la comunidad, encontrando al mismo tiempo un equilibrio adecuado para sus compromisos con la familia, el trabajo y la fe. «Si ellos escuchan y le sirven acabarán sus días con bienestar y sus años con prosperidad» (Job 36:11).

Lemas externos

- Afilando hombres para transformar el mundo
- Hermanos en la gran aventura

- Entrenando a los hombres para la batalla
- El primero en llegar... El último en salir... ¡Ningún hombre fue dejado atrás!
- Cambiando los corazones de los hombres de uno en uno
- Su obra en progreso
- Transformando a nuestra comunidad, un hombre a la vez
- Rendición de cuentas, discipulado y rezar juntos
- Preparando a los hombres, proclamando a Cristo

Nombres de los ministerios
- Hombres de Hierro (u Hombre de Hierro)
- Banda de Hermanos
- Pescadores de Hombres
- Hombres de A.I.M. (Acción, Integridad, Madurez)
- Primera búsqueda
- Hombres de aventura
- Jornaleros

APÉNDICE C

Creación de impulso para los cinco tipos de hombres

AMPLIO — PROFUNDO				
Escribe 1: necesito a cristo	**Escribe 2:** no comprometido	**Escribe 3:** Católicos maduros	**Escribe 4:** lideres	**Escribe 5:** lastimando a los hombres
equipo de softbol	Misa diaria y recepción de la Eucaristía	Misa diaria y recepción de la Eucaristía	Entrenamiento de liderazgo	Misa diaria y recepción de la Eucaristía
liga de baloncesto			Grupo pequeño lideres taller	Reconciliación
Caza o pesca	Reconciliación	Reconciliación		
viaje de aventura (Un día)	Adoración	Adoración	Espiritual dirección	Adoración
club de autos clasicos	grupo del rosario	Sagrada Escritura meditación		Sagrada Escritura meditación
	Estaciones de la Cruz	grupo del rosario	Conferencias, retiros y seminarios de liderazgo fuera del sitio (diocesano, regional, nacional)	grupo del rosario
Día del cuidado del automóvil para madres solteras	seminario de hombres	Estaciones de la Cruz		Estaciones de la Cruz
papi-hija danza	seminario financiero	Grupo pequeño		apoyo de duelo grupos
Eventos deportivos	picnic parroquial	Estudio Bíblico		seminarios financieros
paintball	proyecto de servicio	Fe adulta formación		Clases de crianza de un niño difícil
Feria de trabajo	retiro de aventura	retiro de hombres		grupo de recuperacion de divorcio
carreras de karts	conferencia de hombres	Viaje misionero		Grupo de adicciones sexuales/ asesoramiento
	caballeros de Colón informativo reunión	Oportunidad de servicio continuo		grupo de apoyo matrimonial
		Rito de paso para la juventud		Currículum para la pureza
		conferencia de hombres		

NOTA: Recuerde que los hombres que sufren se pueden encontrar en cada una de las categorías anteriores. Por lo tanto, cuando cuides de los primeros cuatro tipos de hombres, también ministrarás a este quinto tipo.

NFCM

Visión, misión y estrategia

Nuestra Visión

Una Red de Asociaciones de Hombres Católicos Unidos para Impactar el Mundo para Cristo y Su Iglesia

Nuestra misión

1. Evangelizar, ayudar y proporcionar a cada diócesis católica un ministerio local de hombres católicos comprobado y fácil de implementar

2. Identificar y recomendar recursos de apostolado católico y ortodoxo que sean de beneficio para los líderes de las confraternidades existentes en sus esfuerzos locales para evangelizar, formar y movilizar a los hombres.

3. Proporcionar soluciones tecnológicas compartidas, capacitación en liderazgo y otros servicios para las confraternidades que serían difíciles de crear, financiar y mantener para una hermandad local.

Nuestras estrategias

Evangelizar a los hombres católicos en Jesucristo y arraigarlos en la Iglesia católica proporcionando una estructura que:

- Aumente la concienciación a través de los medios de comunicación católicos nacionales sobre las confraternidades existentes y ofrezca servicios y programas de apoyo a las diócesis recién interesadas.
- Asista a los líderes locales del ministerio masculino católico laico en el desarrollo y equipamiento de grupos de confraternidad, conferencias y otras actividades de evangelización.
- Trabaje con obispos, párrocos y otros líderes eclesiales en el desarrollo y la provisión de procesos de formación de hombres católicos.
- Colabore con otras organizaciones, apostolados y ministerios católicos ortodoxos en el apoyo a los hombres católicos.
- Ayude a la experiencia de los hombres católicos en la comunidad local, nacional y global aprovechando la tecnología.
- Proporcione formación, talleres y retiros de liderazgo para hombres católicos laicos.